JIM MURRAY

BLENDED SCOTCH WHISKY

COLLECTION ROLF HEYNE

"Friar Royd"
FINE OLD SCOTCH WHISKY
JAMES H
FRIAR ROYD
SCOTCH WHISKY
LONDON & GLASGOW
JAMES H. S. HOLROYD,
19, ST DUNSTAN'S HILL, LONDON, E.C. AND AT GLASGOW.

JIM MURRAY

BLENDED SCOTCH WHISKY

DER GUIDE FÜR KENNER UND GENIESSER

WILHELM HEYNE VERLAG
MÜNCHEN

Max und Stephen Griggs: Für ihre Hilfe, Liebenswürdigkeit und Freundschaft gebührt ihnen mein herzlichster Dank.

BILDNACHWEIS:
Illustrated London News 56–57;
Mary Evans Picture Library 142;
Public Record Office 2, 6, 18–19, 48;
Still Moving Picture Library 102, 120, 164, 170;
The Whisky Store 205, 206, 209, 210, 211, 213;
United Distillers 22;
Vintage Magazine Archive 11, 59, 112, 118, 202.

Titel der englischen Originalausgabe: *Classic Blended Scotch*
Ins Deutsche übertragen von Jochen Stremmel (7–54),
Hannelore Ganslandt (55–103), Christian Quatmann (105–160)
und Bettina Runge (161–210)

Die Originalausgabe erschien 1999 bei
Prion Books Limited
Imperial Works, Perren Street, London NW5 3ED

Umschlaggestaltung: Hauptmann und Kampa Werbeagentur, CH-Zug
Herstellung: Karlheinz Rau
Satz: Jürgen Hübner, Weilheim
Druck und Bindung: RMO Druck, München

Printed in Germany

ISBN 3-453-13801-5

INHALT

Das einst hohe Ansehen von Blended Scotch Whisky ist in den vergangenen Jahren von Single Malts dominiert worden. 1905 jedoch, zur Zeit dieses Plakats, galt Single Malt Whisky als »zu stark« für den Publikumsgeschmack.

Vorwort

Es scheint noch gar nicht so lange her zu sein, daß ich die Trommel rührte, um Leute für Malt Whisky zu interessieren. Er war gar nicht leicht aufzutreiben. Es sah ganz so aus, als tränke alle Welt schottischen Blended Whisky. Gut fünfzehn Jahre später schließt sich der Kreis: Jetzt versuche ich verzweifelt die Leute dazu zu bringen, daß sie dem Blended Whisky eine Chance geben. Single Malts können nun auf eigenen Füßen stehen, und das ist gut so. Die heutige Situation hat große Ähnlichkeit mit der vor fünfzehn Jahren: Wenn ich damals einem Lifestyle-Redakteur einen Artikel über Whisky anbot, behandelte er mich, als gehörte ich ins Irrenhaus. Abgesehen von Glenfiddich oder Glenmorangie waren Malt Whiskys praktisch unbekannt, und das bedeutete, daß ich offensichtlich einen Text über Bell's oder Haig, Teacher's abliefern wollte, was für sie alles gleich war. Die einzigen Getränke, die als vornehm genug galten, daß man ihnen Platz im redaktionellen Teil einräumte, waren Wein und Cognac. Wenn ich heute einen Redakteur frage, was er von einem Artikel über einen Blended Whisky hält, lautet die Antwort normalerweise »Nein«, aber ein Beitrag über Malt Whisky wäre durchaus willkommen.

Vielleicht dient das als Erklärung für den ziemlich ungewöhnlichen Umstand, daß dies das erste ausschließlich dem Blended Whisky gewidmete Buch überhaupt ist, das nicht nur einen historischen Abriß enthält, sondern auch, und das ist entscheidend, umfangreiche Verkostungsnotizen. Ich weiß, daß die schottische Whisky-Industrie lange auf ein solches Buch gewartet hat, und ich hoffe, das gilt auch für Sie, sobald Sie einige der im Buch beschriebenen Blends selbst probiert haben.

Für meinen Geschmack sind einfach zu viele Single Malts auf dem Markt, die, nun ja, langweilig sind. Wenn sie nicht aufwendig verpackt wären, trüge wenig zu ihrem Image bei, da sie selbst es nicht tun. In einem Blended, also verschnittenen, Whisky jedoch erweisen sich diese nichtssagenden Malts dagegen von einer außergewöhnlichen Vielseitigkeit: fügen hier vielleicht den Hauch einer besonderen Note hinzu, vereinigen sich dort mit anderen kleinen Gruppe ansonsten unscheinbarer Malts, um ein Aroma oder einen Geschmack zu erzeugen, der schlicht bezaubernd ist. Es ist gewiß kein Zufall, daß die weitaus meisten Blendmeister Schottlands – also die für die Komposition der einzelnen Verschnitte Zuständigen, die zugleich auch für die Single Malts in den Regalen verantwortlich sind – normalerweise zu einem Blended Whisky greifen. Und um die Wahrheit zu sagen, ich tue desgleichen.

Ich weiß, daß kein Blend – jedenfalls nach meinem Dafürhalten – einem Ardbeg in seinem allesverzehrenden und dabei subtilen Reichtum gleichkommt, einem Talisker etwa mit seinem Feuer, einem Springbank mit seiner ungestümen Brillanz oder einem überdurchschnittlichen Faß Glenturret mit seinem Elan. Zweifellos gibt es einige ziemlich enttäuschende Blended Whiskys, zumal in der unteren Preisklasse. Aber wie viele Malts gibt es eigentlich, die die erhabenen Höhen des wahrhaft außergewöhnlichen, verschlungenen Johnnie Walker Black Label erreichen, die delikate Köstlichkeit eines Baillie Nicol Jarvie oder eines Lawson's, die vielschichtige Dichte eines Teacher's oder White Horse, den Glanz eines Blue Hanger, den fehlerhaften Genius eines Grant's oder Original Mackinlay?

Bei der Fülle der in jüngster Vergangenheit erschienenen Bücher über Whisky (einige gut, die Mehrzahl bedauerlicherweise ziemlich dürftig) und dem gottähnlichen Status, den sie üblicherweise den Malts zuschreiben, liegt der Schluß nahe, daß diese die Spitze der Pyramide des schottischen Whiskys bilden. Die Wahrheit sieht, wie Sie auf den folgenden Seiten entdecken werden, ein wenig anders aus. Die Hersteller von Blended Scotch kannten sie zwar, haben aber lange Zeit kein Wort darüber verloren: Es sind nicht so sehr die Single Malts, es ist der Blend, also der Verschnitt, der die ultimative Herausforderung sowohl für den Connaisseur als auch den Liebhaber von Whisky darstellt.

Jim Murray
Wellingborough 1999

Erstes Kapitel

Das Zeitalter der Aufklärung

EINE GESCHICHTE DES BLENDED SCOTCH

Es mag unglaubwürdig klingen, vielleicht weil er den Eindruck vermittelt, als sei er schon immer dagewesen, aber der Blended Scotch ist der Newcomer, gleichsam das Baby der Whisky-Familie. Der Single Malt, der Single Grain, Irish Whiskey, Canadian Whisky, Bourbon und Rye – alle waren vor ihm da. Und obwohl der Tennessee Whiskey als solcher erst 1941 offiziell anerkannt und definiert wurde, ist die Filtriermethode, die diesen besonderen Whisky von anderen unterscheidet, mit an Sicherheit grenzender Wahrscheinlichkeit bereits praktiziert worden, als ein Gentleman namens Andrew Usher und einige ähnlich gesinnte Geschäftsleute damit begannen, Single Malt Scotch und Single Grain Scotch miteinander zu vermischen und damit eine der schmackhaftesten Mischungen aller Zeiten zu produzieren.

Dies alles geschah um ca. 1860 herum, als ein neues Gesetz die Art und Weise der Whiskyproduktion grundsätzlich verändern sollte. Bis zu diesem Zeitpunkt hatte ein kompliziertes System von Abgabenverordnungen dafür gesorgt, daß es nicht möglich war, Malt und Grain Whiskys miteinander zu vermischen. Zunächst hatte das Gesetz von 1860 die Destillerien hart getroffen: Die Steuer war, wie es schien, völlig maßlos angehoben worden, und die unmittelbare Folge war ein abrupter Rückgang der Whiskynachfrage. Aber allmählich fiel der Groschen: Man hatte die Tür offenstehen lassen, so daß die Möglichkeit bestand, einer Industrie, die sich noch in einem unentwickelten Stadium befand, eine völlig neue Dimension zu geben. Durch diese Tür führte der Weg schließlich zu der am weitesten verbreiteten Spirituose der Welt.

Die Entwicklung des Scotch Whiskys von einem einfachen, schlichten Destillat, das illegal in den entlegensten Tälern des schottischen Hochlands gebrannt wurde, zu einem Modegetränk, auf das kein Gentleman, der etwas auf sich hielt, in seinem Haushalt verzichten wollte, war lang und beschwerlich. Wie es bei solchen Entwicklungen häufig der Fall ist, gab es mehrere Arten nebeneinander, von denen die schwächeren ausstarben und die stärkeren nicht nur überlebten, sondern wuchsen und gediehen.

Niemand weiß wirklich, wann die Geburtsstunde des Whiskys schlug. In Irland gibt es phantasievolle Geschichten von englischen Invasoren, die im 13. Jahrhundert Whiskeyherstellung auf der grünen Insel vorfanden, allerdings nicht die Spur eines handfesten Beweises. Mit Sicherheit dagegen wurde im Jahre 1494 Whisky in Schottland gemacht. In den Unterlagen des Schatzamtes heißt es für dieses Jahr eindeutig: »Acht *bolls* (alte schottische Maßeinheit von ca. 63 kg) Malz im Auftrag des Königs zum Ordensbruder John Cor, um *aqua vitae* zu machen.« Drei Jahre später lautet ein Eintrag im Verzeichnis des Lord-Oberschatzmeisters von Schottland: »Dem Barbier, der dem König in Dundee *aqua vitae* gebracht hat, auf Anweisung des Königs: 9 Shilling.« Die letztere Eintragung ist faszinierend, aber die erste ist unwiderlegbar: Sie stellt unmißverständlich fest, daß gemälzte Gerste, Malz, der Rohstoff für *aqua vitae,* das Wasser des Lebens, war. Und nicht nur das, sondern obendrein noch Single Malt Whisky. Alle früheren Erwähnungen von *aqua vitae* bezogen sich entweder auf Wein oder, wie in dem Dundee betreffenden Eintrag, auf keine spezifische Ingredienz. Aus diesem Grund feierte die schottische Whiskyindustrie im Jahr 1994 ihren 500. Geburtstag.

Die ersten dreihundertdreiunddreißig dieser Jahre war Malz oder zumindest Gerste das entscheidende, ja das einzige Saatgut für Scotch Whisky und die Brennblase sein Schoß. Der größte Anteil wurde illegal produziert, besonders in den Wintermonaten von Bauern, die soviel Kapital wie möglich aus ihrer Gerste ziehen wollten; getrunken wurde der Whisky vor allem in der unmittelbaren Nachbarschaft, oder er fand seinen Weg von den Highlands in die größeren Städte der Lowlands dank der Industrie, die parallel zu den Destillerien betrieben wurde: dem Schmuggel. Im Verlauf des 17. Jahrhunderts dehnte sich sein Verbreitungsgebiet bis nach England aus, obwohl die Absatzmengen neben den entsprechenden Zahlen für Gin und Brandy, den von der Unter- bzw. Oberschicht hauptsächlich konsumierten Spirituosen, kaum ins Gewicht fielen. Bier war ebenfalls beliebt in ganz Großbritannien (was angesichts der Beschaffenheit des Wassers, das zumal im großstädtischen Umfeld oft Krankheit und Tod mit sich brachte,

Blended Scotch war ehemals Zeichen für robuste Gesundheit und hohen Lebensstandard.

kein Wunder war), und je besser es wurde, desto beliebter wurde es auch. Vielleicht war diese Wertschätzung eines anderen Malzprodukts von der Wiege bis zur Bahre der Grund dafür, daß sich der Publikumsgeschmack allmählich dem Whisky als bevorzugter Spirituose zuwandte. Jedenfalls geschah dies zu einer Zeit, als der Alkoholverzehr geradezu lebensnotwendig war.

Während jener Jahrhunderte wurde Whisky weitgehend nach derselben Methode hergestellt, wie sie vom Klosterbruder John Cor angewandt worden war. Er wird zunächst die gemälzte Gerste dazu benutzt haben, ein Bier zu brauen, und dann mit Hilfe eines Kessels, der höchstwahrscheinlich aus Kupfer bestand, den Alkohol aus dieser Flüssigkeit destilliert haben. Das war ein ziemlich einfaches und effektives Verfahren. Für Destillateure jedoch, die die Whiskyherstellung als ein durchweg kommerzielles, legales

Die berühmte Genreszene des still house *der* Destillerie Bowmore *auf Islay aus dem 19. Jahrhundert. Die beiden breiteren Kupferkessel sind die* wash stills; *die* spirit stills *sind die schmaleren. In dieser Zeit wurde das Feuer unter den Brennblasen mit Kohle betrieben.*

Unternehmen ansahen, war die Verwendung einer Brennblase eine mit hohen Kosten verbundene Tradition. Wonach sie verlangten, war eine Vorrichtung, mit der die Destillation sehr viel ökonomischer durchgeführt werden konnte, also einen kontinuierlichen Brennapparat, und nicht die immer wieder unterbrochene, portionsweise Produktionsmethode, wie sie von den Brennblasen diktiert wird.

Es ist häufig – und zu Unrecht – behauptet worden, daß die Suche nach einem kontinuierlich arbeitenden Brennapparat auf die Britischen Inseln beschränkt blieb. Mit Sicherheit ist es vor allem dem Erfindungsreichtum zweier Männer, Robert Stein und Aeneas Coffey, zu verdanken, daß sich die Methode der Whiskyherstellung grundlegend änderte, wobei diese beiden Männer zugleich eine für die Entwicklung des Scotch Whisky entscheidende Rolle spielten. Es sollte aber nicht übersehen werden, daß auch andernorts beträchtliche Energien darauf verwendet wurden, eine billige Produktionsmethode für Whisky zu entwickeln, vor allem in Nordamerika, wo die Whiskyindustrie in Pennsylvania, Kentucky und Kanada sogar noch schneller expandierte als in Schottland. Volle zehn Jahre vor Steins bahnbrechender Erfindung hatten amerikanische Whiskybrenner Produktionsverfahren in Form einer kontinuierlichen Destillation entworfen, die um einiges effizienter waren als die traditionelle Brennblasen-Methode.

Stein, der selbst ein Whiskybrenner war, gelang es als erstem, eine Methode zu installieren, bei der Wasserdampf in direkten Kontakt mit dem gemälzten Gerstenbier gebracht wurde, um die Alkohole auszuwaschen, abzutrennen und anschließend zu kondensieren. 1827 meldete er sein wegweisendes Patent unter der Nummer 5583 an, dem ein Jahr später eine modifizierte Version als Nr. 5721 folgte. Theoretisch hatte er zweifellos die effektivste Methode entdeckt, aber in der Praxis waren seine Brennapparate nur schwer zu kontrollieren. Erst 1830 kam ein Brennapparat auf den Markt, der mit bemerkenswerter Zuverlässigkeit arbeitete: die Coffey-Still. Ihre Verläßlichkeit mag man daran ablesen, daß sie heute immer noch in Gebrauch ist. Ursprünglich waren sie aus Holz, für gewöhnlich aus Kiefernholz, während sie heute aus Metall hergestellt werden und in Grain-Destillerien wie *Port Dundas* und *North British* noch heute im Einsatz sind. Es ist allerdings merkwürdig, daß in Coffeys Patent das Wort »Whisky« nicht auftaucht: Es bezieht sich nur auf »Maische« und »Alkohol«. Dieser Umstand hat neben der Tatsache, daß Stein einer von fünf Destillateuren war, die überwiegend Alkohol für den englischen Markt herstellten, bereits vor hundert Jahren manche Leute den Schluß ziehen lassen, daß die ersten kontinuierlich arbeitenden Brennapparate in Großbritannien (im Gegensatz zu den USA) überhaupt nicht für die Whiskyproduktion bestimmt waren, sondern zur Erzeugung eines hochprozentigen Alkohols, der im weiteren Verlauf entweder zur Herstellung von Gin oder zu medizinischen Zwecken verwendet wurde. Das mag zutreffen, aber selbst wenn es sich so verhält, ist die Wirkung der Coffey-Stills auf die zukunftige Entwicklung des Scotch Whiskys nicht in Abrede zu stellen.

In den dreißiger Jahren des 19. Jahrhunderts waren britische Destillerie-Besitzer nach den Korn-Gesetzen dazu verpflichtet, teures importiertes Getreide für die kontinuierliche Destillation zu verwenden, während sie ihre Lohnkosten und ihre Aufwendungen für Kohle drastisch reduzieren konnten. Erst mit der Aufhebung der Korn-Gesetze 1846, die den Destillateuren die Möglichkeit eröffnete, billigeres, importiertes Getreide, vorwiegend Mais, zu kaufen, begann die Coffey-Still einen Alkohol zu produzieren, der den zukünftigen Generationen von Whisky-Blendmeistern bekannt vorgekommen wäre. Es gibt allerdings keinen schriftlichen Beleg dafür, daß es vor 1860 tatsächlich dazu kam. Die Coffey-Stills wurden relativ rasch in der *Cameronbridge-Destillerie* installiert, obwohl sie der berühmten Familie Haig gehörte, die ihrerseits mit Stein verwandt waren. Viele Jahre lang arbeiteten die Brennapparate Steins und Coffeys nebeneinander. Die Coffey-Stills wurden hauptsächlich dazu eingesetzt, aus Mais Getreidealkohol zu gewinnen, während die Brennapparate Robert Steins aus gemälzter Gerste eine Substanz destillierten, die als »stiller Malt« bezeichnet wurde.

Erst beträchtliche Zeit nach dem Gesetz von 1860, das den Whiskyhändlern gestattete, diese verschiedenen Whiskysorten unter Zollverschluß miteinander zu vermischen, wurde der Versuch unternommen, genau zu definieren, was Whisky eigentlich war. Das war keine Frage, die die Männer beschäftigte, die als erste Whiskys miteinander verschnitten. Männer wie Andrew Usher hatten bereits mit Whisky gearbeitet, um neue Märkte aufzutun, und hatten festgestellt, daß der Verkauf ihres Produkts um so schwieriger wurde, je weiter sie damit nach Süden gingen. Arthur Bell aus Perth, John Walker aus Kilmarnock, William Teacher aus Glasgow und viele andere hatten als kleine Händler begonnen und in dieser Funktion auch Kleingewerbetreibende mit Wein und Spirituosen beliefert. Bei den ersten von ihnen vertriebenen Whiskys dürfte es sich um reine Malt Whiskys gehandelt haben, vor allem aus den Highlands und in der Regel direkt aus dem Faß. Als sie und ihre Erben erste Anstrengungen unternahmen, ihr Geschäft auf nationaler und internationaler Ebene auszuweiten, entdeckten sie, daß dem Endverbraucher der Sinn nach etwas Leichterem als Malt Whisky stand, selbst wenn es sich um einen Verschnitt aus Highland- and Lowland-Malts handelte. Ihre Kunden in England und den überseeischen Kolonien fanden den Geschmack des Highland-Malts torfiger und öliger, als das heute der Fall ist; er war ihnen einfach zu kraftvoll. Aus diesem Grund wurde irischer Whiskey, zumal der aus Dublin, außerhalb Schottlands viele Jahre lang um einiges mehr geschätzt als Scotch; vermutlich weil er aufgrund der überwiegend durchgeführten dreifachen Destillation leichter war, weil er ohne Torf als Brennmaterial hergestellt wurde und, was vielleicht der entscheidende Grund war, weil er auf einer Mischung von gemälzter und ungemälzter Gerste beruhte. Als Beleg hierfür können die Whiskyabsatzmengen von *W. & A. Gilbey* angesehen werden. Im

Früher schnitten alle Destillerien Torf für ihre eigenen Mälzereien. Heute mälzen nur noch wenige Destillerien ihre Gerste selbst, und das hat zur Folge, daß Malt Whiskys nicht mehr so sehr nach Torf schmecken wie eine Generation zuvor.

Jahre 1875 enthielten mehr als zwei Drittel der von ihnen verkauften Flaschen Irish Whiskey. Einer der Gründe hierfür lag darin, daß die Gilbeys, Eigentümer der Destillerien *Strathmill* und *Glen Spey,* bis zum Jahr 1905 darauf bestanden, Whisky nur in seiner reinsten Form zu verkaufen. Für Blends fand sich in ihrem Angebot bis kurz nach der Jahrhundertwende kein Platz, als sie schließlich dem »Publikumsgeschmack« nachgaben. Irische Destillerien jedoch (außer denen in Belfast) weigerten sich entschieden, den Weg des Blended Whiskys zu beschreiten, und fochten auf verlorenem Posten gegen den allgegenwärtigen Getreidealkohol, indem sie auf dem Standpunkt beharrten, daß ihr Produkt davon unberührt blieb. Damit besiegelten sie ihren Niedergang.

In Schottland kämpften unabhängige Malt-Whisky-Brenner erbittert dagegen, daß Grain-Destillerien ihr Produkt als »Whisky«

bezeichnen durften. Die Chance, ihre Sache zu vertreten, wurde ihnen vom Islington Council im Norden Londons geboten, dessen Mitglieder erkennbar Anstoß an der Qualität der Spirituosen nahmen, die in den Gaststätten ihres Bezirks verkauft wurden. 1904 gewannen sie einen Rechtsstreit gegen Händler, die einen Brandy verkauften, der ihrer Ansicht nach seinen Namen nicht verdiente, weil er reinen Alkohol enthielt. Ein Jahr später verklagten sie zwei weitere Großhändler, von denen der eine Irish Whiskey, der andere Scotch Whisky verkaufte. In beiden Fällen stellte sich heraus, daß nur zehn Prozent der Spirituose in einer Brennblase destilliert worden war; keiner der beiden Whiskys war zudem älter als ein Jahr. Auch diesen Prozeß gewannen sie. Das Verfahren vor dem Islington Council erregte landesweites Aufsehen in der gesamten schottischen Whiskyindustrie. Mittlerweile gab es Hunderte von Gesellschaften, die Blended Whisky mit einer ungeheuren Vielzahl von Markennamen herstellten. Die größten von ihnen besaßen sowohl Grain- als auch Malt-Destillerien, und die bedeutendste war die *Distillers Company Limited.* Aber dies war außerdem das Zeitalter der Whiskybarone, die als überlebensgroße Persönlichkeiten die Welt bereisten, um für das Produkt ihrer Gesellschaft die Werbetrommel zu rühren und dem Scotch Whisky ein hohes Ansehen zu verschaffen. Zu den bekanntesten unter ihnen zählten Tommy Dewar und Jimmy Buchanan, und obwohl sie nicht dafür verantwortlich waren, daß Whisky in zartem Alter und von zweifelhafter Qualität an den Mann gebracht wurde, war die Verwendung von Grain Whisky zur Herstellung ihrer Blends und das Recht, sie als Scotch bezeichnen zu dürfen, für ihren weiteren Erfolg unabdingbar.

Die Industrie war immer noch dabei, sich von einer Katastrophe zu erholen: dem Konkurs der Pattisons. Diese Firma hatte einen kometenhaften Aufstieg aus dunklen Ursprüngen hinter sich und war wieder verschwunden, Schockwellen hinterlassend, die die gesamte Whiskywelt erschütterten. Die Brüder Pattison hatten einen betrügerischen Handel aufgezogen, ihre Lagerbestände überbewertet und sich riesige Kredite verschafft, um einen ausschweifenden Lebenswandel zu finanzieren, eine

Gegenüberliegende Seite: Jimmy Buchanan reiste durch die Welt, um Scotch Whisky respektabel zu machen, und wurde dabei Aristokrat.

Whiskyfirmen versuchten die Öffentlichkeit zu einer Zeit mit der angeblichen Reinheit ihres Produkts zu beeindrucken, als dessen Qualität durchaus fragwürdig war. Hier wird die Angelegenheit mit ein wenig Humor betrachtet.

Armee von Handelsvertretern zu unterhalten und eine Werbekampagne zu betreiben, die ihren Namen im ganzen Empire bekannt gemacht hatte. Zum Zeitpunkt des Zusammenbruchs der Firma im Jahre 1898 hatte sich unter den Banken bereits die Befürchtung breitgemacht, daß große Beträge ihres Geldes in Projekte gesteckt worden waren, die das Problem nur verschärften. Zuviel Whisky wurde produziert, und zuwenig wurde getrunken. Als Pattisons zusammenbrach und die Brüder ins Gefängnis kamen, brauchten die Banken keine zweite Aufforderung, sich aus diesem Geschäft zurückzuziehen. Viele Firmen gingen in Konkurs oder wurden von größeren geschluckt. Für Gesellschaften wie *DCL,* die stark genug waren, die Krise zu überstehen, war dies eine gute Gelegenheit, Lagerbestände und Marken zu absoluten Tiefpreisen zu übernehmen.

Der »Was-ist-Whisky?«-Fall war eine völlig andere Sache. Eine königliche Kommission wurde ins Leben gerufen, um die Frage zu

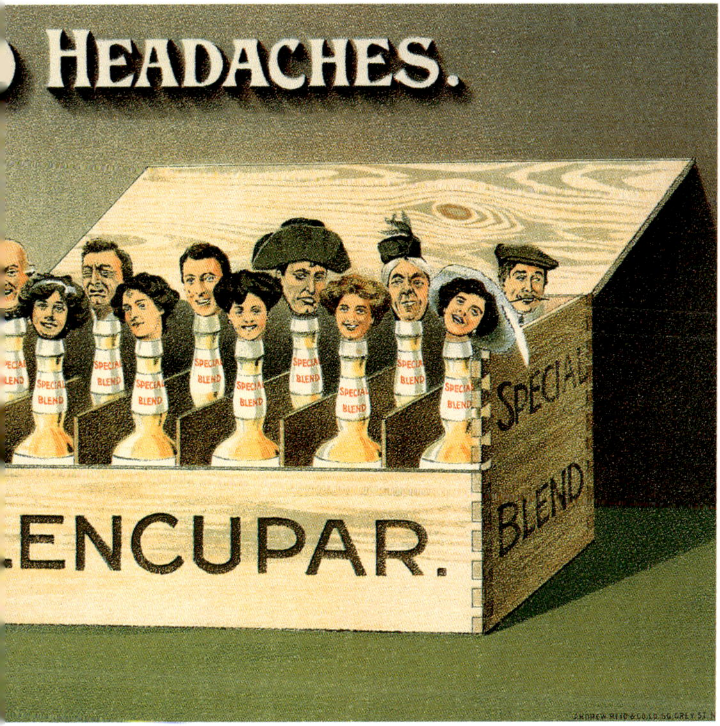

entscheiden, und falls sie sich gegen Grain Whisky aussprach, konnte das für jede Firma, die Blended Whisky herstellte, ernste Konsequenzen haben. Als Teil der Propagandaschlacht, die sich hieraus ergab, brachte *DCL* einen reinen Grain Whisky auf den Markt, einen sieben Jahre alten *Cambus,* und schaltete zu diesem Zweck eine ganzseitige Anzeige in der *Daily Mail.* Darin wurde Wert auf die Feststellung gelegt, daß es sich nicht um Malt Whisky handele, und seine Reinheit dadurch definiert, daß man eine Gallone (also rund viereinhalb Liter) von ihm trinken könne, ohne Kopfschmerzen oder Probleme mit der Leber zu bekommen – wobei weder die eine noch die andere Behauptung etwas mit der Wahrheit zu tun hatte. Das war sowohl eine fröhliche Veralberung der Malt-Whisky-Brenner als auch der ernsthafte Versuch, die Öffentlichkeit auf die Qualität des Grain Whisky aufmerksam zu machen: Cambus galt immer als der beste aller im kontinuierlichen Brennverfahren hergestellten Whiskys. Einige Hersteller von Malt Whisky waren wohl bereit zu akzeptieren, daß alles den Namen Scotch Whisky tragen dürfe, was bis zu 50 Prozent Grain enthielt, aber nicht mehr; andere wollten Grain Whisky völlig ausgeschlossen wissen. 1909 entschied die königliche Kommission zugunsten der Befürworter des Grain Whisky, aber erst nach siebenunddreißig Sitzungen und nach der Befragung von einhundertsechzehn Zeugen zu beinahe jedem Aspekt der Herstellung und Vermarktung von Whisky und der physischen Folgen seines Verzehrs. Sie entschied nicht, welches Alter und welche Trinkstärke Whisky haben solle, weil das nicht in ihrer Zuständigkeit lag. Die entsprechenden Gesetze dafür wurden erst während des Ersten Weltkriegs erlassen. (1915 bestimmte der *Immature Spirits Act,* daß jeder Whisky zwei Jahre lang im Holzfaß gereift sein müsse; 1916 wurde die Reifezeit auf drei Jahre erhöht; 1917 wurde festgelegt, daß Whisky mindestens 70 Proof haben müsse – 40 Volumenprozent Alkohol.)

Die Hersteller von Grain Whisky hatten gewonnen, und die schottische Whiskyindustrie ebenfalls. Denn falls die Kommission zugunsten der Malt-Produzenten entschieden hätte, wäre Scotch Whisky zweifellos nie so populär geworden, wie er es im Verlauf des 20. Jahrhunderts geworden ist. Heute sind 94 von 100 Flaschen Scotch Whisky Blends, die in der Regel zwischen 25 und 30 Prozent Malt Whisky enthalten. Wenn die Öffentlichkeit dem kräftigen Geschmack des reinen Malt Whiskys eine Absage erteilt hätte, dann ist kaum vorstellbar, daß mehr als ein kleiner Teil der nahezu hundert Destillerien Schottlands heute noch existierten. Und wenn die großen Unternehmerfamilien des 19. Jahrhunderts aufgezählt werden – die Haigs, Teachers, Dewars, Walkers, Grants, Mackies, Buchanans, Bells, Ballantines und Dutzende anderer –, dann sollte man nicht vergessen, daß sie zwar ihre Segel mit einem günstigen ökonomischen Wind im Rücken gesetzt haben, daß aber vor ihnen unbekannte Gewässer lagen und sie nur von ihrem tapferen Herzen und dem unerschütterlichen Glauben an einen neuen Typ Whisky geleitet wurden, der auf einzigartige Weise die vereinigte Schönheit der Früchte von Schottlands Destillerien enthüllt und zelebriert. Der großen und der kleinen.

ZWEITES KAPITEL

OHNE GRAIN-WHISKY GEHT GAR NICHTS

WIE SCOTCH WHISKY GEMACHT WIRD

Um einen guten Blended Whisky zu genießen, muß man unbedingt verstehen, welche Rolle seine einzelnen Komponenten spielen. Ein Scotch ist schließlich eine Art Ehebund zweier verschiedener Persönlichkeiten und Kulturen. Und wie bei den meisten Ehen funktionieren manche sehr gut, andere wiederum funktionieren kaum oder überhaupt nicht. Die wichtigste Aufgabe des Blenders besteht darin, eine glückliche Harmonie zu gewährleisten. Und das Vergnügen des Trinkers wird dadurch noch gesteigert, daß er beurteilen kann, wie diese einander fast entgegengesetzten, aus Getreide gewonnenen Spirituosen sich zusammentun, um einen völlig eigenständigen Charakter zu bilden.

Die meisten Whiskytrinker wissen zwar, daß es einen Unterschied zwischen Blended Whisky und Malt Whisky gibt, aber nur wenige von ihnen können die Frage beantworten, worin genau dieser Unterschied denn nun besteht. Es ist kein Geheimnis, daß ein Blend Whiskys von mehr als einer Destillerie enthält, während ein Single Malt genau das ist: ein Whisky aus einer Destillerie. Aber um ein Blend zu sein, muß ein Whisky auch etwas anderes als Malt Whisky enthalten, und das ist Grain Whisky. Daher ist es sinnvoll, daß man den fundamentalen und ziemlich simplen Unterschied zwischen Malt und Grain Whisky begreift, bevor man weiterliest.

Mit Malt Whisky hat, wie wir gesehen haben, alles angefangen. Es war der erste Whisky, und er wurde aus Gerste hergestellt. Andererseits enthält auch Grain Whisky Gerste, aber zu 90 Prozent wird er aus Weizen und Mais erzeugt. Beide Whisky-Arten werden, wie wir gleich sehen werden, auf eine unterschiedliche Weise hergestellt.

Malt Whisky

Zur Herstellung eines Malt wird Gerste zunächst zwischen 48 und 60 Stunden lang in Wasser eingeweicht, bis sie ihr Gewicht verdoppelt hat. Dann wird sie auf einem sogenannten *floor malting,* einem Mälzboden also, zum Trocknen ausgebreitet oder in große Metallbehälter gefüllt, wo die Körner auf mechanischem Wege gewendet und belüftet werden. Während der folgenden Tage beginnen die eingeweichten Körner zu keimen, ein Zeichen dafür, daß sich die im Korn enthaltene Stärke in Zucker verwandelt. Dieser Zucker, eine Energiequelle für die Keime, wird dazu verwendet, den Whisky zu machen. Damit so viel Zucker wie möglich in den gemälzten Körnern verbleibt, werden sie über einem *Kiln,* einem Darrofen, rasch getrocknet. Wie rauchig der Whisky schließlich schmecken wird, hängt davon ab, wieviel Torfrauch von der Gerste während des Trocknens absorbiert wird. Auf Islay bespielsweise wird, bis auf wenige Ausnahmen, beim Darren Torf in großen Mengen benutzt, anderswo in Schottland nur sehr wenig.

Wenn die gemälzte Gerste getrocknet ist, wird sie geschrotet, das heißt: Sie wird zu einem groben Mehl zerdrückt oder zerschlagen, das man *grist* nennt. Dieses Gerstenmehl wird in heißes Wasser gegeben, das die Zuckeranteile löst und abzieht. Diesen Vorgang nennt man *mashing,* maischen. Das Mehl wird dreimal diesem Maischvorgang unterzogen, und das Wasser von der schwächeren dritten Maische wird als erstes Wasser zum Auflösen des Zuckers der nächsten Maische benutzt. Diese zuckerhaltige Lösung wird als *wort,* also Würze, bezeichnet.

Die Würze wird anschließend zur Fermentation in sogenannte *wash backs,* Gärbehälter, gepumpt. Nun wird Hefe zugesetzt, die den Zucker zu gleichen Teilen in Kohlendioxyd und Alkohol verwandelt. Bei diesem Umwandlungsprozeß, bei dem der Zucker gleichsam verzehrt wird, verändert sich auch der Charakter der Lösung: Sie verliert ihre Süße und wird allmählich bitter. Je bitterer sie wird, desto mehr Alkohol enthält die Flüssigkeit, die jetzt *wash* genannt wird. Nach einer Zeitspanne von 40 bis zu 78 Stunden hört die Flüssigkeit auf zu brodeln, und ein trübes Bier von etwa 8 Volumenprozent Alkohol bleibt zurück.

Gegenüberliegende Seite: Gerste spielt im Verschnitt eines Scotch Whiskys eine entscheidende Rolle.

Traditionelle Mälzböden, auf denen man die eingeweichte Gerste keimen läßt, sind in den wenigen Destillerien, die noch von ihnen Gebrauch machen, nach wie vor die Sektion mit der meisten Atmosphäre.

Jetzt kann die Destillation beginnen. Die *wash* wird in eine kupferne Brennblase gepumpt, die normalerweise wie eine Zwiebel geformt ist und als ein riesiger Kessel fungiert. Die erste Brennblase wird *wash still* genannt. Wenn die Brennblase erhitzt wird, steigen die ersten Dämpfe auf, die Alkohol enthalten, da dieser einen niedrigeren Siedepunkt hat als Wasser. Die Dämpfe steigen durch den Hals der Brennblase in einen röhrenförmigen Kondensator oder in die traditionelle Kupferschlange, genannt »worm«, eine Spirale aus einem sich verjüngenden Kupferrohr, das von kaltem Wasser umspült wird. Dieses erste alkoholhaltige Kondensat aus dem Dampf der siedenden *wash* wird *low wines* genannt und enthält etwa 20 Prozent Alkohol. Die *low wines* werden in eine zweite Brennblase geleitet, die *spirit still,* wo sie wieder erhitzt werden. Die ersten nun aufsteigenden Dämpfe enthalten den Vorlauf, unerwünschte Bestandteile, die zur erneuten Destillation ausgeschieden werden. Erst wenn der Brennmeister sieht, daß die

Destillation das »Herz« des zweiten Durchlaufs erreicht hat, leitet er diesen Mittellauf in den dafür vorgesehenen Auffangbehälter. Gegen Ende des Durchlaufs wird der Sprit zu schwach, und auch der Nachlauf muß, wie der Vorlauf, abgetrennt und ein weiteres Mal destilliert werden. (In ganz wenigen Fällen wird in Schottland eine dreifache Destillation vorgenommen; dann wird die zweite Brennblase als Zwischenbrennblase bezeichnet.)

Dem *spirit*, der für die Abfüllung in Fässer ausgewählt worden ist, wird Wasser zugesetzt, das in der Regel aus derselben Quelle stammt wie das zum Maischen benutzte. Der Alkoholgehalt wird auf diese Weise von etwa 71 Prozent auf 63,5 Prozent reduziert. Dann kommt der *spirit* in Eichenfässer, in denen er dann in Lagerhäusern reift. Erst wenn er seinen dritten Geburtstag im Faß erreicht, darf er laut Gesetz den Namen Scotch Whisky tragen.

Kupferne Brennblasen machen aus einem Gerstenbier, das wash *genannt wird, eine klare Spirituose, die nach drei Jahren in Eichenfässern Whisky genannt werden darf.*

Grain Whisky

Das Verfahren, mit dem Maische für die Destillation produziert wird, ist weitgehend dasselbe wie bei der Herstellung von Malt Whisky, mit einer Ausnahme: Weil die wichtigste Ingredienz von Grain Whisky ungemälzter Weizen oder Mais ist, muß das Getreide gekocht werden, um die festen Zellwände zu zerbrechen, die die Stärke umschließen. Da Mais nicht so leicht zu mälzen ist, wird ihm nach dem Kochen entweder »grünes Malz«, also gekeimte Gerste (bevor sie in der Darre getrocknet wurde, oder ohne Verwendung von Torf gedarrtes Gerstenmalz), zugesetzt. Enzyme der gemälzten Gerste verwandeln die beim Kochen des Maises freigesetzte Stärke in Zucker, und dieser Zucker wiederum leitet zusammen mit der hinzugefügten Hefe den Fermentationsprozeß ein. Auch der ungemälzte Weizen wird gekocht, der dabei entstehenden Brühe Malz zugesetzt, und der ganze Prozeß wird wiederholt. In beiden Fällen hat die Maische einen etwa zehnprozentigen Malzanteil, obwohl ein Grain-Destillateur es vorzieht, aus geschmacklichen Gründen bis zu 25 Prozent Malz einzusetzen.

Statt in eine Brennblase kommt diese Mais- oder Weizen-*wash* nun zur kontinuierlichen Destillation in einen Brennapparat, der normalerweise aus zwei hohen Säulen besteht, dem Analysator und dem Rektifikator. Einfach formuliert, wird die *wash* von oben in die erste Säule gegossen, und während sie nach unten fällt, strömt Wasserdampf am Boden der Säule ein und steigt nach oben. Der Fall der *wash* wird durch mehrere perforierte Bleche abgebremst, die normalerweise aus Kupfer, manchmal aus Edelstahl bestehen. Wo sich die herabfallende *wash* und der nach oben steigende Dampf treffen, entzieht dieser der Flüssigkeit den Alkohol, so daß ein Dampfgemisch mit einem Alkoholgehalt von 10 bis 20 Prozent zur Spitze der ersten Säule aufsteigt, von wo es in den unteren Teil der zweiten Säule, des Rektifikators, geleitet wird, wo es weiter gereinigt wird. In dieser Säule wird der Dampf auf einen Alkoholgehalt von etwa 94 Prozent gebracht, bevor er schließlich zu einem *grain spirit* kondensieren darf.

Grünes Malz trägt dazu bei, die beim Kochen der Getreidekörner freigesetzte Stärke in Zucker zu verwandeln.

FIRST IN QUALITY... FIRST IN FLAVOR

1627 First Still...

1948 Still First

In unvarying high quality and mellow flavor Haig & Haig Scotch Whisky reflects the world-wide reputation of Scotland's oldest distillers. Today the demand for this famous Scotch Whisky is greater than ever before.

Don't be Vague... say Haig & Haig

BLENDED SCOTS WHISKY, 86.8 PROOF • RENFIELD IMPORTERS LTD., NEW YORK

DRITTES KAPITEL

GRAIN-WHISKY-DESTILLERIEN

CAMERONBRIDGE

Sie ist die älteste aller Grain-Destillerien mit kontinuierlichem Brennverfahren, und ihre Geschichte ist untrennbar mit dem berühmten Namen *Haig* und der Entwicklung des Scotch Whiskys verbunden. Die Brücke in Fife, von der aus ein gewisser John Haig 1822 die Cameron-Mühle am Ufer des Leven in Augenschein nahm, existiert heute noch. Das Destillieren lag seiner Familie schon seit Generationen im Blut, und nun, nachdem er die Universität verlassen hatte, inspizierte der junge Haig das Gelände sorgfältig, als ahnte er bereits, daß an dieser Stelle sein Ruhm und sein zukünftiges Vermögen begründet lag. Mit Unterstützung seines Vaters pachtete er das Land und begann darauf seine Destillerie zu errichten. Aber dies sollte nicht nur eine weitere schottische Destillerie unter vielen anderen werden: Haig war mit Robert Stein verwandt, der Pionierarbeit auf dem Gebiet kontinuierlicher Destillation leistete. Er baute die Destillerie um Steins neue Brennapparate herum, entdeckte aber kurze Zeit später, daß ein anderer, ebenfalls patentierter Brennapparate-Typ, der von Aeneas Coffey, auf effizientere Weise ein besseres Destillat produzierte. In geschäftlichen Dingen ist Geld dicker als Blut, und die Brennapparate Coffeys wurden bald stets in einem Atemzug mit dem Whisky von *Cameronbridge* genannt. Selbst heute noch sind drei relativ moderne Coffey-Brennapparate dort in Gebrauch. Dennoch gab es in Cameronbridge auch einen Platz für Steins schwerfälligen Apparat, genauso wie für eine traditionelle Brennblase, und zwar mit Sicherheit bis zu Alfred Barnards Besuch in den achtziger Jahren des 19. Jahrhunderts, als er von

Gegenüberliegende Seite: Der Name Haig ist untrennbar mit der Grain-Destillerie Cameronbridge verbunden.

der verschwenderischen Fülle verschiedener Whiskysorten berichtete, die dort hergestellt wurden, darunter »Grain Whisky«, »Pot Still Irish«, »Silent Malt« und »Flavoured Malt«. Von der ursprünglichen Fabrik einschließlich Nebengebäuden steht heute kaum noch etwas, die Destillerie selbst, das *stillhouse,* ist ein Produkt der Glasbauweise. Aber der Weizen-Grain, der dort hergestellt wird, ist von hervorragender Qualität und wird für jeden traditionellen Blend benutzt, den die Eigentümer, *United Distillers and Vintners,* produzieren, etwa in der *Johnnie-Walker*-Familie und natürlich im *Haig.* Seine vornehmliche Eigenschaft ist eine sehr zarte süße Milde, die das Podest bildet, von dem aus die besseren Malts predigen können. Obwohl ein Single Grain namens Cameron Brig im naheliegenden Windygates und andernorts in Fife gern getrunken wird, lohnt sich die Mühe, eine Flasche der 12 Jahre alten Version zu suchen, wenn man sehen will, was aus diesem Grain herausgeholt werden kann: ein Rahmbonbon von einem Whisky mit einem geradezu seidenweichen Abgang.

DUMBARTON

Diese Destillerie, die trotzig auf die felsige Insel Dumbarton Rock hin ausgerichtet liegt, als wolle sie sich nicht von ihren achtzig Meter hohen Zwillingsgipfeln einschüchtern lassen, ist vielleicht der imposanteste Anblick der ganzen schottischen Whiskyindustrie. Mit ihren insgesamt mehr als zwei Millionen roten Ziegelsteinen ist sie beinahe ein Ebenbild ihrer dreitausend Meilen entfernt in Walkerville, Ontario, gelegenen Schwesterdestillerie, der Heimat des Canadian Club. Die Geschichte Dumbartons wird im Ballantine gewidmeten Abschnitt erzählt, weil die Destillerie von *Hiram Walker-Gooderham and Worts* gebaut wurde, um den Grain-Nachschub für den vor kurzem von dem kanadischen Unternehmen erworbenen Ballantine's zu gewährleisten. Obwohl das Gebäude aus den dreißiger Jahren stammt, ist diese Grain-Destillerie eine der attraktivsten Schottlands. Viele der ursprünglichen Arbeitsstätten sind immer noch in Betrieb, während die riesigen Lagerhallen und die seinerzeit ebenfalls gebaute Malt-Whisky-Destillerie *Inverleven* jetzt leerstehen. Die Destillerie, die mittlerweile *Allied Domecq* gehört, macht nach wie vor das, was sie am besten kann, nämlich ein Destillat aus Mais herstellen,

Die massive, aus roten Ziegelsteinen erbaute Destillerie Dumbarton *ist auch für Schiffe, die in den Hafen einlaufen, ein imponierender Anblick.*

obwohl sie auch dazu ausgestattet ist, Grain Whisky aus Weizen zu produzieren. Der aus Mais ist mit Abstand der komplexere Whisky der beiden; der auf Weizenbasis hergestellte ist nicht so süß wie einige andere aus diesem Getreide gewonnene Grains, zudem fehlt ihm die Strenge und die kräftige Ausprägung des *indian corn*.

GIRVAN

Dies ist eine weitere Destillerie, die den Ausblick auf einen berühmten Felsen vor der schottischen Küste gestattet, obwohl Ailsa Craig viel weiter von Girvan entfernt ist als Dumbarton von seiner kleinen Insel. Bis zu dem Tag, an dem *Bladnoch* hoffentlich die Produktion wieder aufnimmt, bleibt *Girvan* die südlichste in

739
THE INVERGORDON
DISTILLERS LTD.
INVERGORDON
1992
117
THE INVERGORDON
DISTILLERS LTD.
INVERGORDON

Betrieb befindliche Destillerie Schottlands. Sie liegt am Stadtrand von Girvan, Ayrshire, und wurde 1963 von William Grant gebaut, wobei die nach dem Bau arbeitslosen Arbeiter gebeten wurden, gleich in der Fabrik weiterzumachen und bei der Whiskyherstellung zur Hand zu gehen. Die Brennapparate stehen, wie auch in Nordamerika üblich, außerhalb der Gebäude und sind im Winter manchmal völlig von Eis überzogen, weil sie dem Westwind vom Meer her schutzlos ausgesetzt sind. Die Destillerie wurde 1985 von Mais auf Weizen umgerüstet, und manche Blendmeister sind der Überzeugung, daß sie eine der wenigen ist, die von dieser Umstellung profitiert haben: Der Grain von Girvan ist vielleicht der Whisky, der sich im Verlauf des letzten Jahrzehnts am deutlichsten verbessert hat und eine angenehme Festigkeit aufweist, die man nicht oft in einem Grain auf Weizenbasis findet. Er kann als Single Grain in Form der geschmacklich eindrucksvollen, an Bourbon erinnernden Marke Black Barrel gekauft werden, die für den Export bestimmt ist.

INVERGORDON

Die einzige in den Highlands betriebene Grain-Destillerie liegt, umgeben von Wohnhäusern, in dem gleichnamigen Hafenstädtchen am Cromarty Firth. Sie wurde 1959 als solche erbaut, obwohl sie zwischen 1965 und 1977 auch die Malt-Destillerie *Ben Wyvis* beherbergte. Diese große Grain-Destillerie war das Goldstück, das *Whyte & Mackay* dazu bewog, sich auf eine langwierige und schließlich erfolgreiche Übernahmeschlacht einzulassen, an deren Ende *Invergordon Distillers* von ihnen geschluckt wurde. Der dort erzeugte Grain ist so süß, wie er nur sein kann: Häufig enthält ein Blend, der einen deutlichen Karamelton aufweist, zuviel Farbstoff – es könnte aber auch nur der Invergordon

Gegenüberliegende Seite: Fässer des süßen Invergordon Grain werden palettenweise gestapelt und gelagert, im Gegensatz zu dem traditionellen Regalsystem. Auf diese Weise wird zwar Platz und Arbeitskraft gespart, aber nicht wenige Kritiker der neuen Methode sind der Ansicht, daß die Fässer auf den Paletten nicht mehr so viel Luft zum Atmen haben wie früher.

sein. Einige Blender, die *Invergordon* benutzen, ziehen es vor, auch einen kräftigeren Grain auf Maisbasis wie den *North British* hinzuzunehmen, um ihrer Mischung ein deutlicheres Rückgrat zu geben, weil sie sich sonst als süßer und weicher herausstellen könnte, als sie sie benötigen.

LOCH LOMOND

Schottlands jüngste Grain-Destillerie produziert mittlerweile, nach einem schwachen Start, jedes Jahr 10 Millionen Liter Grain-Alkohol. Sieben Millionen davon werden für die Blended Whiskys der Besitzer Glen Catrine gebraucht, hauptsächlich für die Billigmarke High Commissioner. Die Destillerie wurde 1994 gebaut und liegt neben der Malt-Destillerie Loch Lomond in Alexandria. Weizen wird der Vorzug vor Mais gegeben, und die Proben, die ich verkostet habe, waren eindrucksvoll süß und voll. Ursprünglich wurde für den High Commissioner vor allem Grain von *Strathclyde* genommen; seit dem Wechsel zu ihrem eigenen Grain im Jahre 1997 ist der Blend beträchtlich weicher und süßer geworden. Es werden aber nicht nur die eigenen Blended Whiskys versorgt, auch für *Seagram* und *Morrison Bowmore* wird Grain abgefüllt. Ungeachtet ihrer späten Ankunft auf dem Whisky-Schauplatz hat die Destillerie Verbindungen zum Brennereigeschäft, die bis ins Jahr 1817 zurückreichen. Die Gesellschaft gehört Sandy Bulloch, der den Bau der Grain-Fabrik in bar bezahlte, damit keine Zinsen anfielen. Er ist ein direkter Nachkomme der Bullochs, einer Familie von Whiskybrennern, die 1855 mit *D. Lade & Co.* fusionierte, um die berühmte Gesellschaft *Bulloch Lade* ins Leben zu rufen.

NORTH BRITISH

Diese weiträumige Destillerie im Schatten des Tynecastle Stadions von Edinburghs führendem Fußballverein mit dem schönen Namen »Heart of Midlothian« kann als die erste angesehen werden, die ausschließlich zur Herstellung von Blended Whisky gebaut wurde. Es wurden zwar einige Grain-Destillerien früher errichtet, aber mit der Absicht, einen billigen Whisky zu machen, mit dem man einen teuren Malt mit vollerem Geschmack aufful-

Andrew Usher, der zu den ersten gehörte, die Malt und Grain Whiskys miteinander verschnitten, war mit einigen anderen auch für die Gründung der Destillerie North British *verantwortlich.*

len und verdünnen konnte. Eine Gruppe von prominenten und weniger prominenten Herstellern von Blended Whisky, die die Macht der *Distillers Company* mit Besorgnis erfüllte und beschlossen hatte, das Preiskartell verschiedener Produzenten von Grain Whisky zu durchbrechen, schloß sich zu einer Gesellschaft zusammen, um ihre eigene Grain-Whisky-Destillerie zu bauen. Die Gruppe wurde angeführt von Andrew Usher, der zu den ersten gehörte, die Malt und Grain Whiskys miteinander verschnitten. Die 1885 erbaute Destillerie hat ihre Aura von Unabhängigkeit und Tradition bewahrt, obwohl sie inzwischen zur *UDV and Edrington Group* (Eigentümer von *Robertson & Baxter*) gehört. Sie ist die einzige Grain-Destillerie mit ihren eigenen Mälzböden, obwohl heutzutage eine Darre überflüssig ist: Sie benutzt grünes Malz, also eingeweichte und gemälzte, aber nicht in der Darre getrocknete Gerste. Ein mit 25 Prozent erstaunlich hoher Anteil der Maische besteht aus grünem Malz, der Rest ist Mais. Außerdem werden heute noch Coffey-Brennapparate benutzt. Das Ergebnis ist der kraftvollste, charakteristischste Grain Whisky auf dem Markt, der als Single Grain von acht bis zehn Jahren eine größere Fangemeinde verdient hat. Blendmeister bezeichnen ihn kurz als »NB«. Fast ohne Ausnahme schätzen sie ihn, sobald ein im frühen Stadium typischer Schwefelgeschmack vom Holz gezähmt worden ist, und ist er auch mein liebster Grain Whisky, seitdem der *Cambus* nicht mehr hergestellt wird. Er wird hauptsächlich dann eingesetzt, wenn man einem Blend Struktur geben möchte, besonders bei leichten Blends mit einem hohen Speyside-Anteil, wo zuviel Süße die sanfte Anmut der Malts überwältigen würde.

Wie Cameronbridge gelangt auch Port Dundas in praktisch jeden traditionellen Blend von UDV, wie beispielsweise Johnnie Walker.

PORT DUNDAS

Weitere Coffey-Stills sind in dieser alten Glasgower Destillerie zu finden, die überraschenderweise oben auf einem Hügel liegt. Port Dundas ist die berühmte erste Station, wo Alfred Barnard Mitte der achtziger Jahre des 19. Jahrhunderts seine epische Reise zu allen Destillerien Schottlands und Irlands antrat, und einige Details der Außenansicht, die er damals vorfand, sind auch heute noch zu sehen – wie lange das noch so sein wird, wage ich mir allerdings nicht vorzustellen. Wie in *North British* und *Cameronbridge* wird auch in dieser neben dem Forth-Clyde Canal gelegenen Destillerie grünes Malz benutzt. Anders jedoch als NB und getreu dem von *United Distillers* übernommenen Stil verwendet *Port Dundas* Weizen anstelle von Mais. Genau wie der Grain von *Cameronbridge* findet sich der *spirit* von *Port Dundas* in praktisch allen traditionellen Blends von United Distillers, in Johnnie Walker, Buchanan's, White Horse, um nur einige Namen zu nennen.

STRATHCLYDE

Die Destillerie, die auch zur Herstellung von Beefeater Gin genutzt wird (tatsächlich wurde sie 1927 vornehmlich als Gin-Destillerie erbaut), liegt seit 70 Jahren in Glasgows berüchtigtem Gorbals-Viertel in drangvoller Enge auf einem Grundstück von 4000 Quadratmetern am Ufer des Clyde und produziert einen Grain, der mit großer Vorsicht zu behandeln ist. Sie gehört inzwischen *Allied Domecq*, war früher aber einmal Teil des *Long-John*-Imperiums, was auch daran zu erkennen ist, daß die Brennapparate nur einen geringen Kupferanteil aufweisen. Dem daraus resultierenden, zunächst wäßrigen Grain begegnen Blender mit äußerstem Respekt, wenn schon nicht mit Zuneigung. Es gibt Blendmeister, die sich grundsätzlich weigern, den bitteren Weizengrain aus dieser Destillerie zu verwenden, wenn er nicht mindestens sieben Jahre alt, mitunter noch älter ist, weil sie es vorziehen, wenn er im Eichenfaß zur Ruhe gekommen ist. Andere wiederum werden keinesfalls mehr als 10 Prozent davon in irgendeinem ihrer Blends verwenden. Aber es gibt auch solche, die ihn wegen seiner Lebendigkeit in höherem Alter schätzen, um mit seiner Hilfe eine übergroße Süße oder Sanftheit zu konterkarieren. Er ist wirklich ein Fall für sich: ein bockender Mustang von einem Grain, der, so muß man sagen, nur von den mutigsten Blendmeistern gezähmt werden kann.

PHAIL'S

VIERTES KAPITEL

Eine Frage der Ausgewogenheit

IM LABORATORIUM DES BLENDMEISTERS

Dies ist der Teil der Whiskyherstellung, der für Hunderttausende von Touristen und Aficionados, die jedes Jahr Schottlands Destillerien überfluten, tabu ist. Und den meisten von ihnen ist es vermutlich ganz recht so: ein Raum mit einem Waschbecken, eine Anzahl von Regalen, die voller Flaschen mit Whiskys verschiedener Altersstufen stehen, einige Verkostungsgläser, die wie Fledermäuse in einer eigens für sie entworfenen Schiene hängen, ein paar Meßgeräte und vielleicht zwei Leute, die in dem Raum hin und her gehen, hier eine Geruchsprobe nehmen, dort sich ein paar Notizen machen. Hier ist man weit entfernt von dem Dröhnen der neu gefüllten Fässer, die zu ihrem Lagerhaus gerollt werden, von dem Brodeln der *wash backs,* der Hitze, dem Zischen und der alkohol- und malzgeschwängerten Luft des *stillhouse.*

Für den fortgeschrittenen Whisky-Kenner dagegen ist das Laboratorium des Blendmeisters kein bißchen weniger faszinierend als eine Destillerie. Denn dies ist der Punkt, an dem die Früchte der kombinierten Erfahrung von Schottlands Brennmeistern, Brauern und Destilleriemanagern zusammenkommen und eine kleine, exklusive Gruppe von Spezialisten – Männer und Frauen – ihren hochentwickelten Geruchssinn gegen die komplexe Herausforderung von mit Holz kombiniertem *spirit* in die Waagschale werfen.

Wenn man einen Blended Whisky macht, schüttet man nicht einfach ein paar Whiskys zusammen. In jedem Lagerhaus Schottlands warten zahlreiche Fässer nur darauf, Blender zu

Gegenüberliegende Seite: Reihen von Whiskys verschiedener Altersstufen, unterschiedlicher Tiefe und Aromastruktur warten auf den Zugriff des Blendmeisters.

7415
1978

Fall zu bringen, weswegen eine Qualitätskontrolle so wichtig ist. Die Überwachung der Qualitätskontrolle gehört zur Arbeit des Blendmeisters und kann in relativ kleinen Unternehmen von ihm persönlich wahrgenommen werden; in größeren sind Angestellte speziell mit der Aufgabe betraut, unerwünschte Geschmacksnoten auszuschließen – obwohl Richard Paterson bei *Whyte & Mackay* darauf besteht, selbst die für einen Blend bestimmten Fässer zu überprüfen, an den Faßreihen entlangzuschlendern und an Verkostungsgläsern zu riechen, in denen man den *spirit* mit warmem Wasser vermischt hat.

Doch bevor es überhaupt dazu kommt, daß Whiskys verschiedener Herkunft miteinander zu einem Blend verschnitten werden, muß gewährleistet sein, daß der *spirit,* der den Brennapparat verläßt, gewisse Standardwerte erfüllt. Und während er im Eichenfaß reift, kann er möglicherweise nachteilig mit dem Holz reagieren. Das kommt zwar selten vor, kann aber durchaus passieren, und ein schlechtes Faß kann, wenn es unentdeckt bleibt, ein ganzes *blending* ruinieren. Aus diesem Grund müssen Blender, die für besonders leichte Blended Whiskys wie Cutty Sark, J & B und Famous Grouse verantwortlich sind, ständig auf der Hut sein. Wenn ein Faß, das dem Standard nicht entspricht, ausgesondert wurde, kann es stillschweigend einem körperreichen Blend beigemischt werden, in dem es keinen Schaden anrichten kann, ein einzelnes 150-Liter-Faß oder auch nur ein halbes gegenüber mehreren hundert Fässern. Das ist auch der Grund für den zunächst paradox scheinenden Sachverhalt, daß manche Blender einige ihrer besseren Whiskys für ihre jüngeren, billigeren und leichteren Blends auswählen.

Unternehmen, die Blended Whiskys herstellen, gibt es in allen Rechtsformen und Größen. Und die Lagerbestände, die Blendmeistern zur Verfügung stehen, haben einen direkten Einfluß auf den Typ Blend, den sie schließlich auf den Markt bringen. Die größte von allen ist *United Distillers & Vintners,* in deren Lagerhäusern annähernd rund acht Millionen Fässer Whisky ruhen. Aus diesem Grund ist es für Maureen Robinson, die Blendmeisterin von *UDV,*

Gegenüberliegende Seite: Whiskyfässer werden in riesige Tröge geleert, wodurch ein Vermählungsprozeß beginnt, der der Flaschenabfüllung vorausgeht.

Die Aufgabe des Blendmeisters ist ein ständiges Prüfen, Riechen, Schmecken, um sicherzustellen, daß der individuelle Stil eines Blends bewahrt bleibt.

unmöglich, jedes Faß, das für einen der zahlreichen Blends des Unternehmens verwendet wird, einer Probe zu unterziehen. Aber es vergeht kein Tag, an dem sie sich nicht mit einer ganzen Batterie von Verkostungsgläsern konfrontiert sieht, zunächst mit Grain, dann mit Malt Whiskys. Dabei kann es sich um firmeneigene Grains und Malts handeln, oder um solche, die von anderen Firmen angekauft wurden. Die Gläser enthalten klaren *spirit*, sogenannten *new make*, frisch aus den Destillerien. Ob die Blends nun vorwiegend aus vier- bis fünfjährigen Whiskys bestehen sollen oder ob es sich um »Super de luxe«-Versionen handelt, die sich rühmen, Malts und Grains zu verwenden, die 20 und mehr Jahre alt sind – es ist von entscheidender Bedeutung, daß man die Entwicklung der einzelnen Whiskys genau verfolgt. Also wird Maureen die Whiskys der Reihe nach durchgehen, sie mit einem einzigen Wort charakterisieren. Für einen Oban wird sie »sauber« oder »parfümiert« notieren, für einen Teaninich »sauber«, »grasig«

oder manchmal »süß« und »fruchtig«, für einen Clynelish »geschmeidig« oder vielleicht »vegetabil« oder »sauber« oder »grasig« oder »süß«. Im Lauf der Jahre ändern viele, wenn nicht die meisten Destillerien die Stilrichtung ihres Produkts fast unmerklich (der berühmte *Royal Lochnagar* etwa hat sich von einer Gewürznote mehr zu einem grasigen Aroma hin bewegt), und entsprechend mag sich auch die Sprache ändern; wie die meisten Sprachen hat sie sich über viele Jahre hinweg entwickelt, in diesem Fall bei einem Prozeß, an dem verschiedene Blender inklusive ihrer Nachfolger und Assistenten mit ihrer gemeinsamen Erfahrung beteiligt waren. Andere Blendmeister gebrauchen ihre eigene Terminologie, obwohl einige es vorziehen, mit dem Whisky Wheel zu arbeiten, einem Geschmacksführer in Form eines Rades, den Wissenschaftler entworfen haben.

Interessanterweise ist das Rad, das bei *UDV* benutzt wird, nahezu identisch mit demjenigen, das ich im Verlauf der Jahre für meine eigenen Verkostungsnotizen entwickelt habe. Ihre Kategorien für Malts lauten: Sauber, fruchtig, grün/grasig, grün/ölig, fleischig, metallisch, dumpf, nussig, torfig, parfümiert, sauer, würzig, schweflig, süß, vegetabil, geschmeidig. Unter Fruchtig findet man Subkategorien wie Weingummi, Birnendrops, Kaugummi usw. In meinem eigenen Labor habe ich zum Beispiel »rauchig« (was man bei *UDV* unter Torfig findet) als völlig eigenständige Kategorie mit den Subkategorien »abgebrannter Feuerwerkskörper« (Kordit), »Lagerfeuer« und »Pfeifenrauch«. Wichtig ist jedoch für jedes Labor nicht so sehr das jeweilige Etikett, sondern daß die jeweiligen Blender sich darüber einig sind, welches Aroma sie mit einem bestimmten Wort bezeichnen und was dieses Aroma für einen bestimmten Whisky bedeutet. Wenn beispielsweise ein Blendmeister eine schweflige Note bei einem Grain von North British feststellt, der gerade frisch aus der Destillerie kommt, war das zu erwarten und ist völlig unproblematisch, weil die drei Jahre Faßlagerung, in denen er sich das Attribut Scotch verdient, diese Note normalerweise ausmerzen. Wenn »schweflig« jedoch bei, sagen wir, einem Port Dundas oder einem Girvan notiert wird, werden Memos hin und her fliegen.

Das trifft auf alle Whiskys und alle Geruchsnoten zu. Falls Maureens Notizen nicht den Erwartungen entsprechen, läuten die Alarmglocken, und sie wird ihre Beschreibungen mit denen einer parallelen Verkostung in den UDV-Laboratorien in Elgin ver-

Einige der Grains und Malts, die, vereinigt, zu Johnnie Walker Red werden.

gleichen. Wenn sie im Ergebnis korrespondieren, werden Untersuchungen angestellt, warum dieser besondere Whisky die in ihn gesetzten Erwartungen nicht erfüllt.

Ähnliche Tests werden in allen Laboratorien Schottlands durchgeführt. Merkwürdigerweise sieht es bei einer großen Zahl von Blendmeistern – trotz jahrelanger Übung – so aus, daß sie nur die Whiskys kennen und verstehen, mit denen sie täglich zu tun haben. Kein Unternehmen, und sei es so riesig wie UDV, verwendet jeden verfügbaren Whisky. Aus diesem Grund kann es passieren, daß man einen Blender mit 20 oder 30 Jahren Berufserfahrung fragt, was er von einem bestimmten Malt hält (die Grains kennt er in der Regel ausnahmslos), und seine Antwort lautet, es sei mehr als zwölf Jahre her, daß er ihn zuletzt probiert hat. Und dann war er vielleicht nie älter als fünf Jahre.

Die Malts jedoch, mit denen er häufiger zu tun hat, zumal diejenigen, die der Gesellschaft gehören, für die er arbeitet, kennt der Blendmeister in- und auswendig, weil nur das ihn in die Lage ver-

setzt, auch unter kritischen Umständen den Standard eines bestimmten Blends aufrechtzuerhalten. Manchmal kommt es nämlich vor, daß ein Whisky, der über lange Jahre Dreh- und Angelpunkt eines Blends war, nicht länger erhältlich ist, entweder weil eine Destillerie eingemottet (für einige Jahre geschlossen) wurde oder weil sie den Betrieb völlig eingestellt hat. Dann muß der Blender einen Ersatz finden. Weil es wenige Whiskys gibt, die identisch sind, müssen oft zwei oder mehr herangezogen werden, um den einen nicht mehr verfügbaren zu ersetzen. Falls der Malt, der nicht mehr zur Verfügung steht, nur ein »Ballast«-Whisky ist, der für den typischen Charakter des Blends nicht von großer Bedeutung ist, sondern eher zur Auffüllung des Malt-Anteils dient, kann er in der Regel ohne große Schwierigkeiten ersetzt werden, weil es viele »sekundäre« Malts gibt, deren Beitrag zur Geschmacksrichtung vernachlässigt werden kann. Falls es jedoch darum geht, die Lücke zu füllen, die ein bedeutender Malt von prononcierter Eigenart hinterlassen hat, bewegt sich der Blendmeister auf dünnem Eis.

Viele Blender betrachten sich selbst als Hüter geprüfter und eingeführter Blends, sehen ihre Hauptaufgabe darin, Stil und Qualität eines etablierten Markenwhiskys zu bewahren und fortzuführen. Fast die gesamte Zeit des Blendmeisters ist der täglichen Routinearbeit zur Erreichung dieses edlen Ziels gewidmet, so daß man sich nicht wundern muß, welch ein Ruck durch das Labor geht, wenn dort der Auftrag zur Entwicklung eines neuen Blends oder auch nur zur leichten Abwandlung eines alten eingetroffen ist. Dann wird die Kreativität der Blendmeister freigesetzt, und zu dieser Zeit in einem Labor zu sein ist vielleicht mein liebster Abschnitt innerhalb des Zyklus der Whiskyproduktion, Destillerien inklusive. Die Blender haben eine Zusammenfassung der wichtigsten Eigenschaften bekommen und müssen jetzt ihre Fertigkeiten benutzen, um den in ihr Produkt gesetzten Erwartungen gerecht zu werden. Einige Blends sind an einem Tag kreiert worden. Andere benötigen allein im Laboratorium bis zu zwei Wochen, und dann noch weitere Zeit, bis man die Zustimmung der Marketingabteilung erlangt hat.

Bevor ein Blender auch nur einen Whisky in einen Meßbecher füllt, muß geprüft werden, wie es um die Lagerbestände bestellt ist. Es ist nicht sinnvoll, einen neuen Blend zu entwickeln, wenn die dazu benötigten Whiskys (und die Art der Fässer, in denen sie reifen, falls das Rezept einen prozentualen Anteil von Sherryfässern vorsieht) nach ein paar Monaten oder Jahren verbraucht sind, sollten die angestrebten Verkaufszahlen erreicht oder überschritten werden. Erst wenn die Frage, mit welchem Material er umzugehen hat, zur Zufriedenheit des Blendmeisters geklärt ist, kann der eigentliche Spaß beginnen. Die meisten Blender arbeiten mit *spirit,* der auf 20 Volumenprozent Alkohol reduziert ist, die Hälfte der Trinkstärke, mit der er normalerweise auf die Flasche gezogen wird. Einer oder zwei ziehen es vor, mit ein wenig stärkerem *spirit* zu arbeiten, während einige Blends interessanterweise ihren Weg in die Flasche finden, ohne daß die Blendmeister sie je richtig probiert haben: Sie haben lediglich ihre Nase benutzt. Diese Praxis wird allerdings zunehmend unüblicher – sie ist jedoch nicht ausgestorben, weil ich einen Blendmeister kenne, der den Geschmack von Whisky nicht erträgt!

Wenn der Auftraggeber nicht aus der eigenen Firma kommt und einen »ökonomischen« (d. h. billigen) Blend haben will, dann spielt Grain eine entscheidende Rolle. Manche Blendmeister verwenden etwa 75/80 Teile Grain gegenüber 25/20 Teilen Malt, obschon es sich bei diesen Malts hauptsächlich um »sekundäre« Malts handeln dürfte. Nicht alle Malts werden von Blendmeistern hoch geschätzt. Manche werden einfach dazu benutzt, den Malt-Anteil eines Blends »aufzufüllen«, während jene Malts, die wegen ihres potentiellen Einflusses auf das Geschmacksprofil eines Blended Whiskys in hohem Ansehen stehen, nur mit Zurückhaltung eingesetzt werden. Andere Blends weisen vielleicht bis zu 90 Prozent Grain auf, aber die 10 Prozent Malt gehören zur Spitze der Pyramide, voller Charakter und Geschmack, zur Wiedergutmachung gewissermaßen. Falls ein Blended Whisky von hoher Qualität verlangt wird, ist das Verhältnis zwischen Grain und Malt nebensächlich. Aber unabhängig davon, was für eine Art Blend hergestellt werden soll, gilt die Devise, daß Islay Malts mit Samthandschuhen angefaßt werden müssen: Ihr kraftvoller torfiger Charakter kann einen Blend rasch aus dem Gleichgewicht bringen, und schon 4 Prozent eines Islay Malts haben ein wichtiges Wort dabei mitzureden, ob ein Blend als leicht oder schwer angesehen wird. Mit 4 Prozent und darüber liegt man eindeutig auf der schweren Seite, was manchen Blendmeistern durchaus wünschenswert erscheinen wird. Was der Blender vor allem anderen anstreben wird, ist Ausgewogenheit. Und dies, fragt man irgendeinen Blendmeister, ist das Geheimnis, der goldene Schlüssel zu einem guten Blended Whisky.

Kurze Übersicht, wie ein Blended Whisky gemacht wird

1. Grain und Malt Whisky aus Schottlands Destillerien.
2. Für einen Blend ausgewählte Whiskys (und jüngerer *spirit*) werden einer Qualitätskontrolle unterzogen,
3. in Lagerhäusern gelagert, bis das zum Verschneiden erforderliche Alter erreicht ist.
4. In manchen Fällen (hauptsächlich bei *Whyte & Mackay, Invergordon, Robertson & Baxter* und *William Lawson*) wird die alte Tradition des »Vermählens« gepflegt, bei der zunächst nur die Malts miteinander verschnitten und – getrennt von den Grains – erneut in Fässer gefüllt werden, in denen sie eine Zeitlang ruhen. Das soll theoretisch dazu beitragen, daß alle wichtigen Komponenten der vielen verschiedenen Whiskys sich miteinander verbinden und auf diese Weise ein gleichmäßigeres Produkt erzeugt wird. Andere Blendmeister glauben, das Geheimnis eines erfolgreichen Vermählungsprozesses liege darin, den Alkoholgehalt des Blends mit entmineralisiertem Wasser auf 45 bis 46 Prozent zu reduzieren, bevor man ihn in häufig benutzte Fässer gibt, die den Alterungsprozeß nicht weiter vorantreiben.
5. Die Whiskyfässer werden in große Tröge geleert, wo sie vor der Flaschenabfüllung miteinander vermischt werden. Bei kleineren Marken-Blends können das nur 50-Liter-Fässer sein. Bei Johnnie Walker Red, dem meistverkauften Blend der Welt, wird der Inhalt von zehn Tankwagen auf einmal zusammengeschüttet.
6. Der Whisky wird auf den erwünschten Alkoholgehalt verdünnt und bei niedriger Temperatur gefiltert, um einige der festeren Öle auszuscheiden, die bei Kälte eine Trübung hervorrufen können. Leider werden bei diesem Prozeß auch einige der stärkeren Geschmacks- und Aromanoten ausgeschieden. In begrenztem Maß darf auch Farbstoff in Form von Karamel hinzugefügt werden, um einen beständigen Farbton zu gewährleisten. In manchen Fällen, etwa beim Cutty Sark, wird überhaupt kein Farbstoff verwendet.

THE
ROCHDALE & MANOR
BREWERY L.TD
SPECIALLY
SELECTED.
GUARANTEED
8 YEARS OLD
OLD HIGHLAND WHISKY
SPECIALLY SELECTED
GUARANTEED
RMB
8 YEARS OLD
ROCHDALE & MANOR BREWERY LD
ROCHDALE.
OLD HIGHLAND
WHISKY.
MOLESWORTH ST. ROCHDALE

FÜNFTES KAPITEL

Ein Alphabet der Marken-Whiskys

THE ANTIQUARY

Es tut immer wieder gut, einen berühmten alten Blended Whisky in den Händen einer kleinen Whiskyfirma zu sehen, weil das daran erinnert, wie normalerweise alles begann. *J. & W. Hardie Ltd.* mag sehr wohl eine Tochtergesellschaft von Takara Shuzo sein – den japanischen Besitzern der Malt-Destillerie *Tomatin*, die eng mit der großartigen Destillerie Ancient Age in Frankfort, Kentucky, verbunden sind, aber bis 1996 war J. & W. Hardie ein völlig überflüssiges und unsichtbares Rädchen im Getriebe von *United Distillers.* Die Marke The Antiquary war an William Sanderson als Lizenznehmer übergeben worden; sogar die unter Lizenz von Hardie befindliche Destillerie *Benromach* war geschlossen worden.

Inzwischen hat die Firma J. & W. Hardie ihre Unabhängigkeit wiedergewonnen, und genau wie damals Ende der achtziger Jahre des 19. Jahrhunderts, als der Blend dieses Namens zum erstenmal auf den Markt kam, muß sie neue Märkte erschließen, damit ihr Produkt floriert. Ohne Zweifel war mit der Entscheidung für diesen Blended Whisky auch die Absicht verbunden, in ihm einen zusätzlichen festen Abnehmer für Tomatin zu finden. Der andere große Abnehmer ist die Marke *Big T.* Derzeit ist allerdings noch UDV vertraglich gebunden, den Blend aus ihren beträchtlichen Lagerbeständen herzustellen. Tomatin wird jedoch als Basis-Malt verwendet.

In den meisten historischen Abrissen wird die Gründung der Firma J. & W. Hardie mit 1861 angegeben. Das Etikett des Antiquary nennt ein vier Jahre früheres Datum. Tatsache ist,

Gegenüberliegende Seite: Früher war es bei kleinen Brauereien üblich, einen eigenen Blended Scotch im Angebot zu haben.

daß niemand mit absoluter Sicherheit weiß, wann genau James Hardie seinen Tee-, Wein- und Spirituosenhandel in Edinburgh eröffnet hat. Seine Söhne John und William wurden seine Nachfolger und konzentrierten sich mehr und mehr auf Whisky, und vermutlich entwickelten sie den Blend in ihrem Büro- und Ladengeschäft am Greenside Place. Es sieht so aus, als hätten die Hardies ihren Blended Whisky nach einem Roman Sir Walter Scotts benannt. In seinem Buch *The Antiquary* schildert dieser die Queensferry-Postkutsche, die täglich von der St. Giles Cathedral in Edinburgh abfuhr. Ihre Strecke führte sie unmittelbar am Haus eines gewissen Mr. James Hardie vorbei.

Über den Blend

Der *Antiquary* ist heute schwerer als zu dem Zeitpunkt in den späten Siebzigern, als ich ihn zum erstenmal probierte. Vorher waren Speyside-Whiskys immer sehr dominant, aber mittlerweile ist das ein wenig gewichtigere Donnern des Tomatin im Hintergrund zu hören. Speyside lebt weiter in der Mitte, wobei die Freuden insbesondere eines Cragganmore das Zentrum bilden, aber es ist vermutlich der honigtönige Aberfeldy aus Perthshire, der dem Blend diesen großzügig vollmundigen Anfang verleiht.

Bowmore agiert nunmehr lediglich als milder Ballast. Die Grains sind höchst eindrucksvoll, und das haben wir der unerreichten Qualität des bedauerlicherweise dahingeschiedenen Cambus und einigen schönen Port Dundas zu danken. Obwohl der Blend immer noch von *UDV* mit ihren ungeheuren Lagerbeständen hergestellt wird, hatte Jim Milne, Hardies Geschäftsführer und Blendmeister, ein erkennbares Mitspracherecht, was den Stil des Whiskys betrifft.

DUFT Ziemlich großartiger, einnehmender Start mit einem verführerisch grasigen Speyside-Thema; fruchtige, unreife Reineclauden und ein verlockender Rauchton, der gerade das richtige Gegengewicht zu den leichteren, malzigen Duftnoten darstellt. Eine gewisse Öligkeit, die zusätzliches Gewicht bringt, ist vorhanden, aber der Grain ist von äußerster Reinheit und macht keine Anstalten, der delikaten Art dieses Blends ins Gehege zu kommen.

GESCHMACK Zu Beginn fett, voll und ölig am Gaumen, mit einem süßen Speyside-Malt, das sich im Mund hält. Außerdem kommt der Grain sehr früh zusammen mit Anklängen an grünen Apfel und Malz zur Geltung, aber während die verschiedenen Geschmacksnoten den Mund ausfüllen, erweist sich das Malz in der Mitte von ausgiebiger und exklusiver Präsenz und von einem Schwergewicht, das die Nase nicht vermuten läßt. Der Rauchton hält sich gegen die ein wenig ausdruckslose Gerste, und dann erscheint mit dem Grain eine Welle von Rahmbonbons.

ABGANG Hauptsächlich Grain mit einem flüchtigen Bitterschokoladeton neben der Toffeenote. Etwas torfig, aber mehr Malt ist in dem Abgang von mittlerer Länge nicht zu finden. Weich und flink am Ende, aber irgendwie ein bißchen flach.

ANMERKUNG Ein delikater, ziemlich wohlschmeckender Blend mit einem sehr profunden Malt-Charakter und einem großartigen Bukett. Ein echter De-Luxe-Whisky, der sich besonders bei Zimmertemperatur von seiner besten Seite zeigt, wenn die Interaktion zwischen Grain und Malt in vollem Gange ist. Attraktiv, doch nicht unbedingt von beeindruckender Komplexität. Vielleicht liegt es an dem exzellenten Start, der von der Malt-betonten Mitte auf gleichem Niveau fortgeführt wird, daß der Abgang so enttäuschend wirkt, der zu flach und zu rasch endet, wenn man sich nur danach sehnt, als daß er nie mehr aufhört.

THE BAILIE NICOL JARVIE

Der Antiquary ist nicht der einzige Whisky, der seinen Namen Sir Walter Scott verdankt. Ein anderer ist der B.N.J., der aus Scotts Roman Rob Roy stammt, was nicht ohne Ironie ist. Es gibt nämlich auch einen Whisky namens Rob Roy, der allerdings von einer anderen Firma produziert wird.

Der Baillie Nicol Jarvie war ein Magistrat in Scotts Roman, eine der Phantasie des Schriftstellers entsprungene Figur, die mit dem Rebellen Rob Roy McGregor verwandt ist. Doch der Whisky, der heute B.N.J.s Namen trägt, hat praktisch nichts mit dem Blend gemein, der zumindest bis 1880 zurückreicht und von Nicol Anderson entwickelt wurde, der wiederum kurze Zeit später von der expandierenden Firma MacDonald & Muir übernommen wurde. Im Oktober 1994 wurde er von *MacDonald & Muir* (inzwischen Glenmorangie Plc) völlig neu gestaltet und ist seit diesem Zeitpunkt unbestreitbar einer besten Whiskys auf dem britischen Markt, in meinen Augen ein wundervoller Blend, der ungewöhnliche Subtilität und Klasse verströmt.

Man nimmt an, daß der Name B.N.J. zunächst um 1860 für eine Whiskymarke verwendet wurde, die damals mit ziemlicher Sicherheit ein Verschnitt aus verschiedenen Highland Malts gewesen sein dürfte. Es ist äußerst unwahrscheinlich, daß Grain in der Rezeptur vorkam. Um die Jahrhundertwende war es ein Whisky, der zusammen mit vielen anderen an den Regimentstischen im Burenkrieg an Popularität gewann.

Dennoch hat die Marke in der Whiskywelt nie eine größere Rolle gespielt. Und obwohl der Blend in den Verkaufszahlen nie an Dewar's, Bell's oder Teacher's heranreichen wird, besitzt er die Eigenschaft, diejenigen, die ihn einmal probiert haben, bei der Stange zu halten. Das Etikett ist mir eines der liebsten, weil es den simplen Charakter einer vergangenen Ära getreulich bewahrt hat – in diesem Fall den der spätviktorianischen Epoche.

Über den Blend

Die Presseerklärung, die die Wiedereinführung der Marke im Oktober 1994 verkündete, sprach von einer »leichten« Änderung der Rezeptur. Das war eine Untertreibung. Der gesamte Blend ist die brillante Schöpfung des Blendmeisters der Firma, John Smith. Während der Blend einst aus fünfzehn Malts und zwei Grains bestand, sind es heute nur noch neun Malts und ein Grain. Es ging ihm darum, einen erstklassigen Blended Whisky zu kreieren, bei dem man sicher sein konnte, daß in absehbarer Zukunft der Nachschub der zugrundeliegenden Whiskys im richtigen Alter gewährleistet wäre. Der Glen Moray des Unternehmens, den ich als Whisky zum Verschneiden besonders schätze, findet natürlich Verwendung als der Malt, der die anderen zusammenschweißt, und einige der höheren, fröhlichen Töne lassen sich als Glenmorangie identifizieren. Bemerkenswert ist, daß das Rezept mit einem verblüffenden Verhältnis von 60 Prozent Malt (alle aus der ersten Liga), wobei ein Teil des Glen Moray 15 Jahre alt ist, zu 40 Prozent Grain arbeitet. Smith traf die mutige Entscheidung, nur einen Grain Whisky zu verwenden, den kräftigen und würzigen North British. Das Ergebnis ist ein Trunk, bei dem dem Whisky-Connaisseur das Wasser im Mund zusammenläuft.

DUFT Delikat und vielversprechend; so sexy, wie ein leichter Whisky nur sein kann. Eine faszinierende Mischung von grünen, grasig jungen Aromen und einigen vollen Alterstönen von Honig und Eiche. Und während der ganzen Zeit durchdringt der Grain diese Aromentextur, um dem Ganzen eine verlockende Leichtigkeit zu verleihen und damit die feinen Torfnoten auszugleichen, die eine bewundernswerte Tiefe beisteuern. Ein denkwürdiges Erlebnis.

GESCHMACK Kein bißchen weniger köstlich am Gaumen, als die Nase vermuten läßt, wobei eine leichte Zitronensäure den vollen Malzton und einen Grain ausgleicht, den man glaubt zwischen den Zähnen zu spüren. Vielleicht der feinste und auf höchstem Niveau konstruierte unter Schottlands leichtgewichtigen Whiskys.

ABGANG Sehr lang für einen derart fragilen Blend, mit einer erstaunlichen Tiefe allein von Malz- und Toffeenoten.

ANMERKUNG Wenn ich eine Liste der fünf besten Blended Scotch aufstellen müßte, wäre dieser hier mit darauf – und wie! Jeder Mundvoll ist eine Reise durch das gesamte Spektrum dessen, was schottischer Festlandwhisky zu bieten hat. North British ist wegen seiner Geschmacksfülle ein Grain, der von Blendmeistern geschätzt wird, die wissen, wie man einen leichtgewichtigen Whisky hervortreten läßt. Dies ist ein solcher Whisky. Aber vielleicht ist es der erstaunliche Kampf zwischen den leichteren, unreifen grünen Fruchtnoten und dem gereiften Malt, der dazu beiträgt, diesen Whisky zu einem der wahrhaft komplexesten und begehrenswertesten der Welt zu machen.

BALLANTINE'S

Neben Johnnie Walker gehört die große Familie der Ballantine-Whiskys zum Besten, was die schottische Brenntradition zu bieten hat. Das mag wie ein Werbeslogan klingen, aber es ist keiner. Weil Ballantine's für mich die wahren Tugenden des schottischen Blends verkörpert. Es handelt sich bei diesen Blends (ungeachtet ihrer gelegentlichen Torfigkeit) nicht nur um eine Gruppe von Whiskys mit ausgeprägt eigenem Stil, der sich deutlich von dem des Walker-Clans abhebt, ihre Geschichte reicht auch in eine Zeit zurück, in der die Herstellung von Blends noch eine ganz neue Kunst darstellte, an der sich Leute versuchten, denen die Wünsche ihrer Kunden über alles gingen.

Der Name Ballantine tauchte allerdings schon eine Generation vorher auf, genaugenommen im Jahre 1827, als der 18jährige George Ballantine im Edinburgher Stadtteil Cowgate einen bescheidenen Lebensmittelladen eröffnete. Zuvor hatte der junge Mann eine fünfjährige Lehrzeit bei einem gewissen Andrew Hunter absolviert, der neben Lebensmitteln auch Spirituosen verkaufte. So ist es nicht verwunderlich, daß George ebenfalls bald mit Whisky zu handeln begann, allerdings nicht mit Blends, sondern mit einem kräftigen Destillat aus den schottischen Highlands. Der Erfolg ließ nicht lange auf sich warten, so daß George innerhalb von vier Jahren sein Geschäft in die Candlemaker Road und fünf Jahre später dann ins Stadtzentrum nach South Bridge verlegen konnte. Inzwischen hatte er erkannt, mit welchen Waren er den größten Gewinn erzielen konnte, und benannte sein Geschäft in »Wein- und Lebensmittelhandlung« um. Es liegt eine gewisse Ironie darin, daß parallel zu seinem sozialen Aufstieg der Whiskyabsatz zurückging; dennoch blieb Whisky ein wichtiger Bestandteil seines Geschäfts.

George, der erst mit Mitte Dreißig heiratete, bekam drei Söhne: Archibald, George und Daniel. Als diese herangewachsen waren, beschloß George, es sei nun an der Zeit, den Namen Ballantine bekannter zu machen. Er eröffnete eine Filiale in Glasgow, die er »George Ballantine & Son« nannte, blieb jedoch mit »George Ballantine & Sons« weiterhin in der besten Geschäftsgegend von Edinburgh als Wein- und Teehändler tätig. In Glasgow handelte der alte George Ballantine zwar nach wie vor mit Weinen, konzentrierte sich jedoch mehr und mehr auf Whisky, was

In den geschäftigen Straßen der »Old Town« von Edinburgh, die im 19. Jahrhundert ein Umschlagplatz für Kaufleute

und Händler war, wurden viele große schottische Blends aus der Taufe gehoben.

sich als kluger Schachzug erweisen sollte. Durch seinen Weinhandel ergab es sich nämlich, daß die meisten seiner Whiskys in Sherry-Fässern heranreiften und eine außerordentlich einheitliche Geschmacksnote erhielten, die der Herstellung von Blends sehr zugute kam. Der Firmengründer George starb 1891. Doch sein Sohn und sein Enkel, die beide seinen Vornamen trugen, sorgten mit ihrer Niederlassung in Glasgow dafür, daß der Name und die Marke *Ballantine's* immer bekannter wurden. Bald wurde ihnen von Königin Victoria und Edward VII. der Titel »königlicher Hoflieferant« verliehen.

Bis zum Jahr 1922 hatte die Familie Ballantine allerdings sämtliche Verbindungen zu ihrer berühmten Marke gelöst. Drei Jahre zuvor hatte sie die Firmen in Glasgow und Edinburgh an James Barclay und R. A. McKinlay verkauft und sich aus dem Geschäft zurückgezogen. Barclay und McKinlay firmierten George Ballantine & Son in eine Gesellschaft mit beschränkter Haftung (Ltd.) um und vergrößerten ihr Unternehmen umgehend, indem sie die *James & George Stodart Ltd.* und die Marke Old Smuggler aufkauften – wobei der Name der letzteren für Ballantine geradezu prophetisch sein sollte.

Ballantine hatte sich unter seinen ursprünglichen Besitzern immer gut im Ausland verkauft. Die Prohibition in den Vereinigten Staaten führte jedoch dazu, daß die Verkaufszahlen regelrecht explodierten. Da der Whisky nicht direkt in die USA exportiert werden konnte, sorgte Barclay dafür, daß Nassau – einer der führenden Außenposten für den Handel mit Rum – und Kanada, die andere wichtige Schmuggelroute, ihm Ballantine's in großen Mengen abnahmen. Ich habe in den USA eine Reihe von Fotografien gesehen, auf denen Zollbeamte kistenweise geschmuggelte Whiskyflaschen zerschlagen, unter anderem auch solche von Ballantine's. Die Kontakte, die Barclay in diesen finsteren Zeiten knüpfte, sollten jedoch abermals zur Übernahme des Unternehmens führen. Diesmal wurde Ballantine von der in Toronto ansässigen Firma *Hiram Walker-Gooderham and Worts* erworben, der die großen Destillerien »Canadian Club« und »Gooderham and Worts« gehörten. Die Marke schlug auf dem amerikanischen Markt derart ein, daß es zunehmend schwieriger wurde, die Mengen schottischen Grain Whiskys zu besorgen, die erforderlich waren, um das Geschäft mit Ballantine's auch weiterhin in Gang zu halten. Es mußte etwas geschehen. Harry Hatch von Hiram

Beamte der US-Regierung während der Prohibition bei einer Razzia. Die Verkaufszahlen ihres Whiskys übertrafen während dieser Zeit die kühnsten Träume von Ballantine's.

Walker begann sich um den laufenden Nachschub für die Whisky-Vorräte zu kümmern, indem er zunächst die Destillerien *Miltonduff* und *Glenburgie* in Speyside erwarb. Nachdem ihn Sir Henry Ross, der Vorstandsvorsitzende der *Distillers Company,* immer wieder auf einen neuen Termin zur Abklärung der Frage des Nachschubs an Grain Whisky vertröstete, faßte er den mittlerweile legendären Entschluß, es dem Mann heimzuzahlen, indem er selbst eine Brennerei errichten ließ.

Da Hiram Walker entschlossen war, *Ballantine* zu Schottlands größter Exportmarke zu machen, wurde also eigens die imposante Destillerie in Dumbarton erbaut, um den notwendigen Grain Whisky herzustellen. Sie wurde 1938 fertiggestellt, doch der Zweite Weltkrieg durchkreuzte die Pläne, alljährlich Millionen von Kisten in die USA zu exportieren. Noch bis zum heutigen Tag liefert Dumbarton den größten Teil des Grain Whiskys, der zur Herstellung der Ballantine's Blends verwendet wird. Von der direkt daneben in den Lowlands errichteten kleinen Malt-Destillerie *Inverleven* hat man allerdings in den neunziger Jahren praktisch nichts mehr gehört; es ist anzunehmen, daß sie für Ballantine's Finest kaum mehr eine Rolle spielen wird.

Heute gehört Ballantine's zu *Allied Domecq,* die auch *Hiram Walker* besitzt. Mit seinen pro Jahr rund fünf Millionen in alle Welt verkauften Kisten steht dieser Whisky an dritter Stelle der beliebtesten Scotchs. In Europa, das Harry Hatch seinerseits ebenfalls als Absatzmarkt anvisierte, verkauft sich Ballantine's geradezu glänzend.

ÜBER DEN BLEND

In einer Zeit, in der Blends aus wenigen Komponenten immer beliebter werden, freut man sich ganz besonders über einen Whisky wie Ballantine's, in dem sich nicht weniger als 57 verschiedene Malts vereinigen. Dabei spielen die Malts der Destillerien *Miltonduff* und *Glenburgie,* die zu Allied gehören, verständlicherweise ebenso eine Schlüsselrolle wie der köstliche Mais-Grain aus Dumbarton.

BALLANTINE'S FINEST

DUFT Der Inbegriff eines Blended Scotch: eine faszinierende Mixtur aus leichten Grains mit fruchtigen, grasigen Noten, eingebettet in einen köstlichen torfigen Unterton. Um ihn sich vorzustellen, denken Sie einfach daran, wie ein großartiger Allround-Blend duften sollte.

GESCHMACK Anfangs durch die Grains leicht und süß, sauber und dezent eichentönig, durchflutet ihn eine plötzliche Schockwelle von Torf, bis sich die gemächlichen malzigen Töne entfalten; sie werden dann jedoch durch die wiederauflebende trockene Grainnote allmählich abgeschwächt.

ABGANG Mittellang, wobei viel Buttertoffee, Kakao und Eiche mitschwingen. Eine winzige Torfnote macht den Abgang etwas gewichtiger als anfangs vermutet.

ANMERKUNG Ein ausgezeichneter Whisky, der zwar in seiner Komplexität nicht an einen älteren Ballantine's heranreicht, dabei aber überraschend gehaltvoll und transparent am Gaumen ist. Ich habe den Eindruck, er ist eine Spur leichter als noch vor etwa vier, fünf Jahren und nicht ganz so süß. Dennoch ein wunderbarer und herrlich ausgewogener Blend – daher auch seine weltweite Beliebtheit.

BALLANTINE'S GOLD SEAL 12-YEARS-OLD

Im Duft – bis auf den erdigen Grundton – etwas an den Royal Blue erinnernd. Es lassen sich deutlich Spuren von bestem Canadian herausschmekken. Fetter, öliger und unendlich komplexer als der Royal Blue mit ungezählten malzigen Facetten, die sich gegenseitig den Vorrang streitig machen. Obwohl der Grain immer wieder durchkommt, läßt der Malt in den Intervallen die Geschmacksknospen mit einer rauchigeren Konstante weiterschwelgen. Erst im Abgang dominiert der Grain mit einem Hauch karamelisiertem Zucker. Ein wunderbar mundender, voller Tropfen, dabei weitaus nachhaltiger und befriedigender als der Royal Blue.

BALLANTINE'S ROYAL BLUE 12-YEARS-OLD

Allein schon der Duft mit seiner ungewöhnlichen Mischung aus apfelfrischen Speyside-Noten und altem Canadian (vermutlich das Ergebnis lange gereifter Grains) läßt das Wasser im Munde zusammenlaufen. Auch eine etwas honigtönige Süße schwingt mit, doch am Gaumen machen sich als erstes die schweren, rauchigen Noten bemerkbar, die im Duft allerdings kaum feststellbar

sind. Dennoch kündigt sich hier schon an, wie die grastönigen Malts im Mund explodieren, um dann in einer komplexen Grain-Malt-Note abzuebben und nahtlos in die Speyside-Note überzugehen, die immer noch die Oberhand behält. Im Abgang ist er eine Spur torfig, am nachhaltigsten hält sich jedoch die Sirup/Karamel-Note des Grain.

BALLANTINE'S 15-YEARS-OLD

Schlanker und malziger als der 12-Year-Old oder Ballantine's Finest. Ein unmerklicher Hauch von Tanne kommt hier zur Frische hinzu. Er ist der jüngste in der Angebotspalette von Ballantine, der pfeffrig duftet, und er weist eine leichte Öligkeit auf, die an zerstoßene Sommenblumenkerne erinnert. Im Geschmack ist er zunächst ziemlich wärmend, würzig und alkoholscharf, gefolgt von einer Woge süßer Gerste, die jedoch bald wieder vom Grain überlagert wird. Für mich ist er der am wenigsten ausgefeilte und am stärksten vom Grain dominierte aller Ballantine-Sorten – und derjenige, für den ich am wenigsten übrig habe.

BALLANTINE'S 17-YEARS-OLD

Über den Blend

Erst als ich dieses Buch schon fast beendet hatte, fand ich heraus, wie viele Blendmeister es gibt, die meine Meinung über diesen ganz außerordentlichen Whisky teilen. Da sie jedoch für die Konkurrenz tätig sind, will ich ihre Namen hier nicht verraten. Blendmeister kommen nur selten dazu, das Angebot ihrer Mitbewerber zu verkosten, weshalb es um so erfreulicher ist, daß

selbst Profis diesen Blend für den besten Ballantine halten, den sie je gekostet haben. Trotz seines hohen Alters finden hier vierzig verschiedene Malts zueinander – eine bemerkenswerte Leistung. Und einmal mehr sind es die Malts und Grains aus der bekannten Allied-Clique, die hier den Ton angeben.

DUFT Subtile Anklänge an Lavendel und Minze harmonieren aufs schönste mit torfigen und malzigen Noten. Obwohl dies alles behutsam dosiert ist, entsteht ein überwältigender Gesamteindruck. Der Duft ist außerordentlich bezaubernd und geradezu erotisch. Am besten handtemperiert zu genießen.

GESCHMACK Dank eines wunderbar süßen, öligen Schimmers, der die Mundhöhle überzieht, ist er am Gaumen seidig sanft. Dennoch sind genügend Pfeffer- und Grainnoten vorhanden, um die Geschmacksknospen für das Erlebnis zu sensibilisieren. Die liebliche Malzigkeit ist von bemerkenswerter Komplexität, wobei sich saubere, grasige Noten delikat mit Rauch- und Torfaromen und den diese allmählich überlagernden Eichentönen vermischen. Überwältigend, wie eine Woge von Gerstenzucker und Torf die nächste ablöst, ohne sie zu überrollen. Auch hier, wenn handtemperiert, eine intensive Gaumenerfahrung.

ABGANG Eichentönig, doch nie zu stark. Köstliche Schokoladenoten, die mit Anklängen an süße Rosinen und Haselnuß harmonieren.

ANMERKUNG Einer meiner bevorzugten Blends und einer von etwa einem halben Dutzend, mit denen ich gern den Tag beschließe. (Übrigens auch nicht der schlechteste, um ihn zu beginnen). Während der 15jährige nicht vollkommen rund ist, halte ich den 17jährigen für ein Vorzeigestück der Blendmeisterkunst. Er scheint das gesamte Spektrum an Aromen in sich zu vereinen, die sich in der idealen Reihenfolge entfalten. Wenn überhaupt eine kleine Kritik angebracht ist, dann die, daß die Eichentönigkeit nach dem vierten oder fünften Schluck recht intensiv werden kann. Doch macht dies vielleicht auch deutlich, wie delikat dieser großartige Malt ist. Ein echter Klassiker.

BALLANTINE'S 18-YEARS-OLD

In der Nase schärfer und beißender als der 17jährige, obwohl Töne von Mandarine, weichem Bourbon und der Duft frisch aufgeschnittenen Brotes mit einfließen. Im Mund anfangs sanfter, süßer und seidiger am Gaumen als der 17jährige, allerdings ohne dessen Komplexität. Auch ist die schokoladenbittere Eichennote des Grains vielleicht eine Spur zu aufdringlich. Etwas zu trocken im Abgang für einen wirklich großen Whisky.

BALLANTINE'S 21-YEARS-OLD

ÜBER DEN BLEND

Dieser Whisky muß einfach gut sein. Allied leistete sich sogar einen Korken, während die jüngeren Blends leider mit Schraubverschlüssen auskommen müssen. Hier wird wirklich an nichts gespart: Der Whisky ist sogar in einem eleganten kobaltblauen Dekanter aus Wade-Porzellan abgefüllt. Ich weiß nicht genau, wie viele Malts er enthält, da es beim 30jährigen jedoch um die 36 bis 38 sind, müssen es hier schon eine ganze Menge sein.

DUFT Ganz phantastisch. Erwartungsgemäß lassen sich Spuren von Bourbon herausschmecken, die jedoch minimal sind und bald in einem Meer von frischem Malz versinken. Herrlich ausbalanciert, süß und zugleich trocken. Der unglaublich subtile Duft bietet einen Anflug von Pfeffer und Rauch. Den nachhaltigsten Eindruck hinterläßt jedoch die feine zitronige Fruchtigkeit.

GESCHMACK Zurückhaltend fett und weich im Mund – dann aber die Überraschung: Den Gaumen überfällt eine Fülle von Aromen, allen voran milde Torfnoten und, fast zum Kauen,

Gerstenschrot. Am beeindruckendsten und köstlichsten, wenn man ihn schluckweise in den Mund nimmt und gut zehn Sekunden dort behält.

ABGANG Der Grain hält lange respektvollen Abstand und kommt erst hervor, wenn die toffeeartige Süße abzuklingen beginnt. Ein Grain von erstklassiger Güte, so abgerundet wie ein Kiesel am Strand. Erstaunlich nachhaltig, wobei sich die Torfnote bis zum Ende hält.

ANMERKUNG Ob im Louvre oder in der Tate Gallery – Sie werden nur wenige Kunstwerke finden, die diesem gleichkommen. Atemberaubend ausbalanciert. Durchweg von angenehmer Süße, die nie auch nur ansatzweise überhand nimmt. Sie hält stets haarscharf die Waage mit immer vorhandenen etwas dunkleren, torfigen, kernigeren Noten. Schließlich hat am Ende der Grain das Sagen, wobei er äußerst kultiviert auftritt. Ein berauschender Tropfen, hauptsächlich aufgrund der schwindelerregenden Höhen, die er als Whisky erreicht. Phantastisch.

BALLANTINE'S 30-YEARS-OLD

Schwer zu glauben, daß ein so großartiger Blend in einer einfachen Flasche mit Schraubverschluß daherkommt und auch dem Etikett nicht die leiseste Andeutung zu entnehmen ist, um was für einen Whisky es sich hier handelt. Höchst merkwürdig, aber so verhält es sich beim 30jährigen Ballantine. Ich weiß, daß er einst Ardbeg enthielt, weil ich einmal in dieser herrlichen Destillerie gerade anwesend war, als ein 30jähriger abtransportiert wurde, der dem Blend beigefügt werden sollte. Er duftet etwas torfig, aber die Hauptnoten erinnern wie beim 25jährigen Putachieside an gereiften bourbontönigen Cognac. Reinster Samt am Gaumen, mit einer angenehmen Mischung aus süßen und sauren Noten. Vollreife Pflaumen, nicht ganz ausgereifte Kirschen und Chilischoten mischen sich auf den Geschmacksknospen, und zum Abschluß kommt etwas kreidige Eiche hinzu. Immer dabei: ein Hauch feinster Bitterschokolade. Bestnote für einen Blend dieses Alters von gleichbleibender Qualität.

BELL'S

Wenn Sie irgend jemand in Großbritannien darum bitten, Ihnen spontan eine Whiskymarke zu nennen, ist die Chance groß, daß Sie den Namen Bell's zu hören bekommen – ganz gleich ob der Befragte nun Whiskytrinker ist oder nicht. Das ist wenig verwunderlich, denn an diese Whiskymarke knüpft sich eine der größten Erfolgsstories der Nachkriegszeit zum Thema Scotch.

Wie so häufig der Fall, läßt sich der Name und das Unternehmen auf ganz bescheidene Anfänge zurückverfolgen. Arthur Bell, mit dem alles begann, war in vielerlei Hinsicht die Verkörperung des viktorianischen Geschäftsmannes und seiner Werte. Seine erste Begegnung mit Whisky hatte er als junger Verkäufer bei Sandeman in Perth, einem Mitglied der Portwein- und Sherry-Dynastie. Das war im Jahr 1840, in dem England als erstes Land der Welt die Briefmarke einführte. 1851 machte er sich zusammen mit James Roy, einem Kollegen bei Sandeman, selbständig und firmierte zunächst unter dem Namen »Roy & Bell«, obwohl sich Roy schon kurze Zeit später aus dem Geschäft zurückzog. Bell wußte bereits – noch ehe man Blends aus Grain-Whiskys herstellte – daß man durch *vatting,* also durch das Mischen verschiedener Malts, einen Whisky erzeugen konnte, der dem Single Malt überlegen war. Als ein Kunde ihm schrieb und um eine Erklärung für den hervorragenden Geschmack seines Whiskys bat, antwortete er: »Ich habe keineswegs vor, die genaue Mischung meines Whiskys preiszugeben, darf jedoch verraten, daß der beste im Glenlivet-Distrikt Banffshire hergestellt wird und die übrigen aus Pitlochry und Stirlingshire stammen.« Es ist anzunehmen, daß es sich bei der Brennerei in *Pitlochry* um Blair Athol handelt, wofür als Indiz gelten mag, daß es die erste Destillerie war, die das Unternehmen 1933 erwarb.

Arthur Bell senior, kluger Geschäftsmann und Philanthrop zugleich, verkörperte in vielerlei Hinsicht die traditionellen Wertvorstellungen des Viktorianischen Zeitalters.

Zu dieser Zeit war Arthur Bell bereits seit dreiunddreißig Jahren tot. Er war ein außergewöhnlicher Mann, der dafür bekannt war, bis zum letzten Penny über den Stand seiner Geschäftskonten informiert zu sein und gleichzeitig mit fast übertriebener Großzügigkeit seine weitläufige Verwandtschaft mit Geldgeschenken zu bedenken. Er tat dies mit einer Mischung aus Pflichtgefühl und Zuneigung, die er hinter einem Schild viktorianischer Reserviertheit verbarg. Sein Sohn, der das Geschäft weiterführte und ebenfalls Arthur Bell hieß, allerdings »AK« genannt wurde, war mit seiner Extrovertiertheit genau das Gegenteil seines zurückhaltenden Vaters. Obwohl Arthur senior durchaus nicht altmodisch war – er gilt als erster Blendhersteller, der einen Agenten in London beschäftigte, und soll den Weg zur Standardisierung von Flaschengrößen geebnet haben –, untersagte er jegliche Werbung und sprach das strikte

Verbot aus, Bell als Markennamen zu verwenden. 1904 gab »AK« jedoch das berühmte alte »Curler«-Etikett in Auftrag, das fortan auf seinen Flaschen prangte und den Familiennamen Bell trug. Auch heute noch gibt das Etikett das Gründungsjahr mit 1825 an, das Jahr, in dem allenfalls Sandeman gegründet wurde, und nicht Bell's.

Dem Erwerb der alten *Blair Athol Distillery* – die 1998 ihr 200jähriges Bestehen feierte – und der von Dufftown, die beide im Zuge der Übernahme der Firma *P. Mackenzie* aus Edinburgh in den Besitz des Unternehmens gelangten, folgte kurz darauf auch der Kauf von *Inchgower.* Im Laufe der Zeit kam *Bladnoch* hinzu, und in der Nähe von Dufftown wurde die Destillerie *Pittyvaich* errichtet. Die letzteren beiden konnte sich das Unternehmen leisten, als die Verkäufe von Bell's schwindelnde Höhen erreichten. 1949 – sämtliche Bells hatte sich inzwischen aus dem Geschäft zurückgezogen – war die Firma an die Börse gegangen. In den siebziger Jahren begannen die Verkaufszahlen in solchem Maße anzusteigen, daß die Destillerien ihre Produktion innerhalb eines Jahrzehnts um fast 300 Prozent steigern konnten. 1985 wurde das Unternehmen von der *Guinness*-Gruppe übernommen, die zwei Jahre später auch den Riesen *DCL* erwarb. Unter *United Distillers* wurde der Blend 1994 als ein 8-Year-Old schließlich wieder auf den Markt gebracht.

ÜBER DEN BLEND

Bevor Bell's von der heutigen UDV übernommen wurde, war der Ruf der Firma einige Jahre lang nicht der beste – und das nicht ohne Grund: Die Nachfrage nach dem Blend überstieg den Nachschub an Malt aus Bell's ohnehin heruntergekommenen Destillerien, was der Qualität Abbruch tat. Obwohl ihm gleich nach der Übernahme sofort weit mehr und bessere Malts zugesetzt wurden, hat der Blend einige ehemalige Anhänger verloren, die sich zu gut an die schlechte Qualität der späten siebziger und frühen achtziger Jahre erinnern. Ihr Pech, denn der Whisky, heute ein 8 Jahre alter, ist nicht mehr wiederzuerkennen, und das, obwohl die traditionell verwendeten Malts von Blair Athol, Inchgower und Dufftown wieder ihren Weg in die Flasche zurückfanden, seit deren Qualität verbessert wurde. Auf Pittyvaich, den herbsten der alten Garde, wurde ganz verzichtet. Der Maltanteil im Blend liegt bei knapp über 35 Prozent, mit Linkwood in der Hauptrolle. Caol Ila gibt dem Blend zusätzliches Gewicht, obwohl der Anteil an Islay-Malts mit den Jahren zurückgegangen ist.

DUFT Heidehonig und luftig leicht. Die Grains bieten eine scharfe Reinheit und lassen den Malts viel Spielraum. Da fast jegliche rauchige Tiefe fehlt, setzt sich der Duft aus der unverwechselbaren verfeinerten Komplexität einiger hervorragender Malts zusammen, unter denen sich besonders solche aus Speyside und Perthshire hervortun.

GESCHMACK Eine außergewöhnliche Einführung sorgfältig abgestimmter Malts und Grains, bei der dem Grain die Schlüsselrolle zum Aufhellen und Abmildern der Intensität der Malts zufällt. Die Malts halten in jeder Beziehung, was ihr Duft verspricht: eine leicht rosinentönige Fruchtigkeit inmitten der sauberen Gerste, duftiges frisches Gras und vage Spuren von süßlicher Walnuß. Dabei sind diese Komponenten niemals dominierend, weil immer wieder der toffeetönige Grain durchdringt.

ABGANG Eine winzige Spur von Rauch verleiht dem Blend zum Ende hin noch etwas Gewicht, noch nachhaltiger in Erinnerung bleibt jedoch die saubere Vanillenote der Grains sowie eine unverkennbare Malzigkeit.

ANMERKUNG Ein ausgesprochen befriedigender Whisky, der mit dem Bell's von früher so gut wie gar nichts gemein hat. Wo der alte noch rauchig und rußig war, besitzt dieser die Reinheit, wie sie ein guter Scotch nur haben kann, und zeichnet sich zudem doch durch eine subtile Körperhaftigkeit aus. Interessanterweise wurde nicht der Versuch gemacht, die dämpfende Wirkung des Grains zu kaschieren – ganz im Gegenteil.

BELL'S 12-YEARS-OLD

Dieser in einer schweren, glockenförmigen Flasche sehr ansprechend abgefüllte Blend weist den mittlerweile für Bell's so typischen lässigen Charakter auf, bietet der Nase allerdings als Gegengewicht einen um so intensiveren Honig- und einen eine Spur kräftigeren Rauchton. Der Malt, am Gaumen fetter und anfangs süßer, überwiegt zunächst in seiner Intensität, bevor die wärmenden Gewürznoten und der Grain die Oberhand gewinnen. Der Abgang ist vergleichsweise dünn. Obwohl dieser mittelschwere Tropfen seltsamerweise nicht ganz so komplex ist wie der gewöhnliche Bell's, bietet er dennoch einen hohen Genuß.

BELL'S ISLANDER

Würzig, pfeffrig und lebendig im Duft. Sein stechendes Aroma enthält überdies eine wohldosierte Torfigkeit, die man in den übrigen Bell's vergeblich sucht. Im Geschmack durchweg malziger, fast zähflüssig, offeriert er unverhüllte hebridische Tiefe mit dem Prickeln eines

Talisker. Die rein bleibenden Grains fügen einen Hauch von süßem Toffee hinzu, der sich aufs schönste mit der nach Rauch duftenden, malzigen Torfigkeit vermählt. Ein charakteristischer, hoch befriedigender Whisky, der gefährlich nach »mehr« schmeckt.

BEN ALDER

Dies ist nur einer von vielen Blends der unabhängigen Blender und Whiskybrenner Gordon & MacPhail, die ihren Sitz in Speysides größter Stadt Elgin haben und für ihre ausgezeichnete und breit gefächerte Palette von Single Malt Whiskys weltweit bekannt sind. Da während der sechziger und siebziger Jahre außerordentlich schwierig an Single Malts heranzukommen war, atmete jeder Whisky-Liebhaber erleichtert auf, sobald er einen Händler fand, der das berühmte Connoisseurs-Choice-Sortiment von Gordon & MacPhail führte.

Da heutzutage Single Malts allerdings überall problemlos erhältlich sind, lohnt es daran zu erinnern, daß G & M auch Blends herstellen. Die fünf hier aufgeführten Sorten gehören meiner Meinung nach zu den besten ihres umfangreichen Angebots. Wenn Sie sich einmal eine Auswahl ihrer Whiskys anschauen oder ihrem alten Laden einen Besuch abstatten, werden Sie sicherlich mit einer Kostprobe der einen oder anderen Sorte belohnt.

Wie so viele der mittlerweile großen Namen im Whiskygeschäft begann auch dieses Unternehmen als Lebensmittel- und Spirituosenhandlung. Sie war im Jahre 1895 von den beiden Partnern James Gordon und John MacPhail gegründet worden, die sich bald mit der Qualität ihrer feinen

Malt Whiskys einen Namen machten. In dem begrenzten Gebiet im Nordosten der schottischen Highlands, das sie versorgten, bestand wenig Nachfrage nach Blends aus schottischem Whisky, die sie hauptsächlich für die expandierenden Märkte in London und im Ausland erzeugten. Einer der jungen Burschen, der seinerzeit im neuen Laden angestellt worden war, war John Urquhart. Zwanzig Jahre später – inzwischen mit jedem Aspekt des Geschäfts vertraut – wurde er, als sich MacPhail 1915 aus dem Unternehmen zurückzog, zu Gordons Juniorpartner. Als James Gordon, der die Seele des Unternehmens war, zwei Wochen darauf ganz plötzlich starb, übernahm John Urquhart seinen Platz als Seniorpartner.

Das Unternehmen befindet sich seit dieser Zeit in den Händen der Familie Urquhart, und auch der Laden steht noch an genau derselben Stelle in der South Street, wo er am 24. Mai 1895 eröffnet wurde. Lagerung und *Blending* erfolgen inzwischen an einem neuen Standort am Stadtrand, und Ian Urquhart, der Enkel Johns, ist heute der Blendmeister.

Einige der Sorten, wie *Spey Cast,* gehen bis in die neunziger Jahre des 19. Jahrhunderts zurück, als James Gordon für das *Blending* zuständig war – was sich auch im zeitlosen Etikett widerspiegelt. Auch Ben Alder, der ursprünglich »Dew of Ben Alder« hieß, gilt als eine seiner Schöpfungen. Die bekannteste Marke überhaupt ist jedoch *Old Orkney.* Diesen Blend gibt es erst seit 1980, als sich herausstellte, daß niemand die Rechte an dem Namen des berühmten Single Malt besaß, der aus der alten, 1928 stillgelegten Destillerie Stromness auf Orkney stammte. Nach über fünfzig Jahren wurde nun dafür gesorgt, daß einer der großen Whiskynamen wieder zu Ehren kam. Die Geschichte wiederholte sich 1998, als das Unternehmen die stillgelegte Destillerie *Benromach,* die es 1993 erworben hatte, erneut in Betrieb nahm. Auch dieser Whisky wird sich in den Blends wiederfinden, bevor er als Single Malt erneut auf den Markt gebracht wird.

ÜBER DEN BLEND

Mit seinen etwa drei Jahre alten Grains, seinen doppelt so alten Malts und der deutlichen Note irgendeines Tropfens, der richtig alt sein muß, hält dieser Whisky einerseits an einem Speyside-Charakter fest und bietet zugleich doch etwas Besonderes. 35% des Inhalts sind vermutlich Malts, und die beiden verwendeten Grains, Invergordon und North British, garantieren harmonische Ausgewogenheit zwischen weich und streng.

DUFT Ein sehr schön ausgearbeiteter Blend in der Nase, der von gelungenen, gereiften Whiskys zeugt. Junge Zitrusnoten hellen das vorherrschende Honig-Vanille-Aroma auf.

GESCHMACK Am Gaumen nicht weniger delikat, beginnt er unglaublich weich und seidig-malzig, um dann in einem betörenden Crescendo von Gewürzen seinen Höhepunkt zu erreichen. Die zitronigen Noten halten sich konstant. Herrlich komplex.

ABGANG Pfeffrige Noten hallen nach, wobei sich ganz allmählich (und sehr ungewöhnlich für einen Abgang) Honigmilde bemerkbar macht, bis die Eiche erneut in den Vordergrund tritt, was bei einem Blend ohne Herkunftsangabe für ein gutes Alter spricht.

ANMERKUNG Einer der ganz großen schottischen Blends. Von der sich harmonisch entfaltenden raffinierten Würzigkeit können die Geschmacksknospen gar nicht genug bekommen. Einer dieser Blends, bei denen es schwerfällt, das Glas abzusetzen, wenn man erst einmal den ersten Schluck getan hat. Bestnote!

FRASERS SUPREME

Hat ein rauchigeres Aroma als die meisten anderen Sorten von Gordon & MacPhail, ist dabei aber toastig und frisch. Dank der raffiniert eingesetzten Grains, die mit dem süßen, nussigen Malt und dem Hauch von Torf zusammenspielen, gehört er zu den komplexesten Blends von G & M.

OLD ORKNEY »OO«

Eine der um die Jahrhundertwende berühmtesten Malt-Marken ist hier als Blend wiederauferstanden. Im Jahre 1928 war die *Stromness*-Destillerie auf Orkney, eine der kleinsten Brennereien der Welt, in Konkurs gegangen. Ihre Besitzer hatten nach der Jahrhundertwende versucht, mehr Whiskytrinker zum Malt zu bekehren, und hofften insbesondere, die Londoner Gesellschaft durch ihren »OO«-Slogan für sich zu gewinnen. Doch die Kunden blieben aus. In diesem Blend, der den stolzen alten Namen trägt, wurde der Grain klug eingesetzt, um die zitronigen, malzigen Noten im Duft aufzuhellen. Herrlich weich am Gaumen und mit einer sich allmählich entfaltenden Würze, wie der Ben Alder. Auch sonst zeigt er einen ähnlichen Aufbau, läßt jedoch dessen Intensität vermissen.

THE SPEY CAST 12-YEARS-OLD

Ein fester, süßer Duft von Banane, Stachelbeere, Pudding und Gewürzen. Ausgezeichneter Auftritt: fett und sofort würzig mit hervorragender Entfaltung intensiven Malts und weichen Grains im Canadian-Stil mit Toffeenote.

UBIQUE

Phantastischer Duft, der von gutem Alter zeugt: ein Hauch von Bourbon-Vanille, eine Spur Honig, karamelisierter Apfel und altes poliertes Leder.

Am Gaumen sofort üppig, wobei der Honig lange nachklingt, dazu eine Prise Rohrzucker und stärkere, leicht rauchige, intensiv fruchtige Noten. Ein Klassiker, der vielleicht nur noch von Ben Alder übertroffen wird und anscheinend ewiges Leben besitzt.

BLACK BOTTLE

Während die Aberdeener Whiskymarken Chivas und Catto zu weltweiter Berühmtheit gelangten, gab es in dieser wunderschönen Stadt einen anderen Blend-Erzeuger, der seine besondere Schöpfung lange Zeit nur den Einheimischen vorbehalten wollte. Und zwar so lange, bis *Gordon Graham & Co* 1959 ihren Namen und ihre wiewohl preisgekrönte, so doch nahezu unbekannte Marke Black Bottle an *Schenley* verkauften, denen bereits Long John gehörte. Damit endeten achtzig stolze Jahre der Unabhängigkeit für die ehemaligen Teeimporteure, die mit Black Bottle einen Blend kreiert hatten, dessen Name unauflöslich mit dem Nordosten Schottlands verbunden ist. Mir wurde dies deutlich vor Augen geführt, als ich in den frühen achtziger Jahren einige Monate in Fraserburgh, Peterhead und schließlich Aberdeen verbrachte, wo ich meinem späteren Schwiegervater vorgestellt wurde. Egal, wen ich dort kennenlernte – jede Unterhaltung schien unweigerlich mit dem Satz zu enden: »Haben Sie eigentlich schon den Black Bottle probiert?« Während der Long-John-Ära war der Blend ein ziemlich übles Gebräu, was möglicherweise auf ein Zuviel an erbarmungslosem Strathclyde und ein Zuwenig an hochwertigem Malt zurückzuführen war. Als die Firma dem *Allied-Domecq*-Imperium einverleibt wurde, erholte er sich jedoch vollständig und gehört heute fraglos zu den edelsten Whiskymarken Schottlands. 1995 ging der Blend an *Highland Distilleries*, die sich seitdem erfolgreich bemühen, ihn als torfiges vollmundiges Gegenstück zu ihrem Famous Grouse zu etablieren.

Über den Blend

Seit Highland Distilleries die Marke übernommen haben, wurden einige raffinierte Veränderungen vorgenommen. Mittlerweile sind fast alle sieben Islay-Whiskys im Blend vertreten (mit Ausnahme von Port Ellen), wobei der Laphroaig eine überragende Stellung

THE HIGHLAND DISTILLERIES COMPANY P.L.C.
1984
BUNNAHABHAIN
ISLAY
1900

einnimmt und der Ardbeg eine ungekannte Komplexität beisteuert. Es ist jedoch der nahezu ungetorfte Islay Bunnahabhain, der mit seiner salzigen Note den Charakter des Blends bestimmt. Von den nicht aus Islay stammenden Malts verbreitet der Glenrothes eine süße Malzigkeit, während unter den Grains der Strathclyde seine traditionelle Position beibehält – kraftvoll unterstützt von den recht gegensätzlichen Sorten North British und Girvan: eine interessante Mischung. Nicht zu vergleichen mit dem Erzeugnis, das *Gordon Graham & Co* vor 1959 verkauften. In den letzten Jahren seiner Unabhängigkeit ruhte der Blend auf einem honigsüßen, aromatischen Fundament, das jamaikanischem Rum aus der Brennblase nicht unähnlich war, dabei jedoch weitaus leichter, weil die sanften Grains in Verbindung mit dem Speyside Malt vor einem heidetönigen Hintergrund dominierten. Torfige Töne wurden im Blend eher sparsam eingesetzt, wobei er trotzdem täuschend intensiv blieb. Der Whisky hat heute eine regelrechte Kehrtwende gemacht.

DUFT Erdig, rauchig, stechend und deutlich salzig. Relativ trocken mit guter Festigkeit durch die Grains. Ausschlaggebend für seinen Charakter ist allerdings die Torfnote.

GESCHMACK Wird vom Gaumen sofort als süß wahrgenommen, wobei sich eine köstliche Palette an salzigem Islay-Jod und Rauchtönen entfaltet. Sehr schöne kakao- und eichentönige Trockenheit, die mit den süßlicheren, torfigen Noten und dem unverkennbaren Speyside-Aroma zusammenprallt. Ein hochkomplexer und selbstbewußter Inselblend mit einem winzigen Hauch von Frucht – hauptsächlich überreife Pflaumen.

ABGANG Lang, anfangs eine Spur von Salz und torfiger Trockenheit mit sich ganz allmählich entwickelnder vanilletöniger Dichte und prickelnder Würze.

ANMERKUNG Auf dem Etikett der neuen Flasche wird behauptet: »Finest Scotch Whisky with a Heart of Islay« – und das ist

Gegenüber: Der so gut wie ungetorfte Islay Malt aus Bunnahabhain trägt zum Blend des Black Bottle bei.

nicht gelogen. Merkwürdigerweise ist der Duft verschlossener als unter Allied und weist nicht die honigsüße Samtigkeit auf, die noch das Original vor vierzig Jahren auszeichnete. Geschmacklich gewinnt dieser neue Black Bottle allerdings durch seinen dichten, muskulösen Blend. Während man ihn sich auf der Zunge zergehen läßt, meint man Moor und salzige Inselluft zu atmen. Ein kühner, kompromißloser und wirklich großartiger Whisky.

BLACK BOTTLE 10-YEARS-OLD

Ein schwerer, vollblütiger Blend, dessen Erzeuger das Unvorstellbare gewagt haben – die hier verwendeten Malts sind ausschließlich Islay-Sorten. Darunter ein beträchtlicher Anteil Bunnahabhain (teils bis zu 14 Jahre alt), der bei dem temperamentvollen Zusammentreffen mit Laphroaig und Bowmore für die malzigen Zwischentöne sorgt. Alle sieben noch in Betrieb befindlichen Islay-Destillerien sind zu unterschiedlichen Anteilen enthalten. Der Duft weist durchdringende Salz- und Pfeffernoten mit einem verführerischen Torfgeruch auf. Im Mund ist der Blend zähflüssig und rauchig mit einem Biß von gemälzter Gerste. Der Abgang mit seiner Lakritz- und Kaffeenote scheint sich fast endlos hinzuziehen: eine wahre Wonne für Islay-Liebhaber und eine große, wenn auch durchaus zu bewältigende Herausforderung für jene, die es noch nicht so weit gebracht haben.

BLACK COCK

Einer der Blends aus dem Sortiment von Burn Stewart, der für den Export – hauptsächlich nach Frankreich – bestimmt ist. Ich habe ihn früher ab und zu auf Parties mitgebracht, wo er eines unvergessenen Abends in der illustren Gesellschaft eines Black Bush und eines VAT 69 stehen durfte. Der Black Cock ist nicht der beste aus Burn Stewarts Stall; im Grunde genommen stellt er einen scharfen Angriff auf Gaumen und

Nase dar. Aber die Flasche enthält genügend Malts, die einen schnellen, genießerischen Schluck rechtfertigen, wobei süßlicher Grain und grasige, erdige Highland Malts ihre Sternstunden erleben. Gar nicht übel.

BLACK WATCH

In den Marketingabteilungen scheint man davon auszugehen, daß der Zusatz »Black« im Namen eines Whiskys den todsicheren Erfolg bringt, was zweifellos auf die Verkaufsschlager Buchanan's Black and White und Johnnie Walker Black Label zurückzuführen ist. So haben wir also mittlerweile den kürzlich für beträchtliches Geld von *Highland Distilleries* hinzugekauften Black Bottle sowie andere Marken wie Black Dog, Black Top, Black Prince und sogar einen Black Cock. Der jüngste dieser Serie trägt den Namen Black Watch und war bis 1997 überall auf der Welt als Seagram's beliebter und preiswerter 100 Pipers bekannt.

Über den Blend

Über den Blend ist so gut wie nichts in Erfahrung zu bringen. Einigen wir uns darauf, daß Grains offenbar eine große Rolle spielen.

DUFT Extrem leicht mit viel Grain und Zitrustönen, die durch einen Hauch von Buttertoffees abgemildert werden.

GESCHMACK Feuriger Start mit einer geradlinigen, jungen Grain-Komponente. Obwohl der Malt durchaus vorhanden ist, mangelt es ihm völlig an Komplexität und Tiefe. Er ist kaum mehr als eine leichte Staubschicht auf dem Grain.

ABGANG Karamel und Vanille.

ANMERKUNG Ich hatte nie viel für 100 Pipers übrig und kann nicht behaupten, daß mir dieser Blend besser gefiele. Der einzige in diesem Buch besprochene Whisky, bei dessen Verkostung ich husten mußte – und zwar noch bevor ich ihn geschluckt hatte. Ein wirklich derber Whisky, zu dessen Gunsten man anführen könnte, daß er sehr sauber und frei von jeglichem Nebengeschmack ist. Der Karamel ist allerdings einfach zu aufdringlich. Mein alter Kumpel Wallace Milroy würde ihn vermutlich als »Feuertänzer« beschreiben, und obwohl ich nie so ganz verstanden habe, was das bedeuten soll, habe ich den Eindruck, daß das Wort diesen Whisky perfekt beschreibt.

BLACK & WHITE

Die Marke Black & White, die erst in letzter Zeit wieder auf dem britischen Markt zu finden ist, zählte in diesem Jahrhundert zu den weltweit bekanntesten Labels mit dem höchsten Wiedererkennungswert. Der alte James Buchanan hätte sich über diesen Riesenerfolg sicher gefreut, verwendete er doch trotz seiner angeschlagenen Gesundheit all seine Energie darauf, sein Produkt zu einer der ganz großen Whiskymarken aufzubauen. Obwohl Buchanan in Kanada zur Welt kam und in Nordirland aufwuchs, hatte der Junge mit dem urschottischen Namen und den schottischen Eltern wenig Zweifel daran, wo seine Zukunft lag. Mit fünfzehn kam er nach Schottland und begann für eine Schiffahrtsgesellschaft zu arbeiten. Um die Jahrhundertwende sollte er erneut intensiv mit Reedereien zu tun haben, weil das die einzige Möglichkeit war, um seine berühmten Whiskys auf ihre Märkte in Übersee zu befördern.

Das Whiskygeschäft lernte er 1879 kennen, als er in London als Agent für Charles Mackinlay, einen der ersten Blendhersteller, tätig wurde. Mitte der achtziger Jahre dann hatte er so viel Geld gespart, daß er sich selbständig machen konnte. Bekannt für sein offenes und fröhliches Temperament, konnte er schon bald einen Kundenstamm für sich gewinnen. Es gelang ihm außerdem, die Bars in Westminster zum Ausschenken seines Whiskys zu bewegen, und er brachte hierfür eigens einen Blend namens House of Commons heraus. Im Laufe der Jahre entwickelte sich daraus der »Black & White«, der seinen Namen der schwarzen Flasche mit dem weißen Etikett verdankt. Sein Erfolg war so überwältigend, daß er die *Glentaucher Distillery* in Speyside erbauen ließ, um den Nachschub des für seinen Blend benötigten Malts zu sichern. Ironie des Schicksals: Die Destil-

Der hohe Wiedererkennungswert des Markennamens sorgte dafür, daß Black & White ein echter Klassiker wurde.

lerie befindet sich heute in der Hand von *Allied Domecq*, während Black & White ein Produkt der Konkurrenten *United Distillers and Vintners* ist. James Buchanan hatte, gemeinsam mit Dewar und Johnnie Walker, die Riege der ersten unabhängigen Abfüller angeführt, die gegen *DCL* kämpften. Um ihre Markt-

position zu stärken, taten sich Buchanan und Dewar 1915 zusammen und gründeten *Scotch Whisky Brands.* Vermutlich in dem Bestreben, aus ihren berühmten Namen Kapital zu schlagen, tauften sie ihr Unternehmen einige Jahre später in Buchanan-Dewar um. Doch schon 1923 geschah das Unvermeidliche: Die Firma wurde, zusammen mit Johnnie Walker, von *DCL* übernommen.

ÜBER DEN BLEND

Die Liste der für den Geschmack ausschlaggebenden Malts führt der Dalwhinnie an, dessen Duft neben dem des Clynelish und des Royal Brackla, die für die Malznote verantwortlich sind, sich deutlich abzeichnet. Da der Blend zu 60-65 Prozent aus Grain besteht, ist davon auszugehen, daß außer den beiden UDV Grains, Port Dundas und Cameronbridge, noch andere Brennereien beteiligt sind.

DUFT Weist alle Charakteristika eines Grain-dominierten Blends auf, dem der Malt nur ein verschwindend geringes Gewicht verleiht. Dennoch hat er etwas Liebliches und Anziehendes, das nicht durch den geringsten Mißklang verzerrt wird. Ein Hauch heidetöniger Torfigkeit liefert den perfekten Hintergrund für einen der leichtesten Düfte im Sortiment von UDV.

GESCHMACK Zu Beginn dunkel und unglaublich zurückhaltend, wird er bald kräftiger und baut allmählich vom Grain bestimmten Toffee und endlich eine durchdringendere, zeitweilig sogar leicht scharfe Malzigkeit auf. Gleichbleibend süßlich, wobei der Grain dazu ein trockenes Gegengewicht bildet. Hervorragend ausbalanciert.

ABGANG Entwickelt sich ebenfalls nur langsam, während er die Geschmacksknospen mit leicht phenolharziger Schärfe kitzelt. Der Toffeeton weicht allmählich milden Vanillearomen und kreidiger Eiche.

ANMERKUNG Zweifellos ein Qualitätswhisky, aber nicht besonders aufregend. Jeder einzelne der hier verwendeten Whiskys ist so rein und unverfälscht, wie man es sich nur wünschen kann. Möglicherweise heben sich einzelne Charakterzüge gegenseitig auf, was die mangelnde Komplexität bedingt. Ein milder, gefälliger Tropfen, der jedoch längst nicht mehr so vollmundig, fruchtig, rauchig und kräftig ist wie noch vor ein paar Jahren.

BLACK PRINCE

Eine der ersten Marken, die Whisky-Brenner und Blendmeister Burn Stewart nach ihrem Management-Buy-out 1991 aufkauften. Der Blend hat sich, seit *Bols* ihn verkaufte, von einem Durchschnittswhisky zu einer echten Entdeckung entwickelt. Ursprünglich wurde der nach dem im 14. Jahrhundert lebenden Sohn König Edwards III. benannte Blend von der holländischen *Destillerie Henkes* auf den Markt gebracht und später von deren britischer Tochterfirma *Nordren McCall* mit Sitz in London übernommen. Mit dem Verkauf an Bols kehrte der Whisky dann vorläufig in die Niederlande zurück. Ein klassischer Exportschlager, der vor allem in Frankreich, Portugal, Taiwan und Paraguay Absatz findet.

ÜBER DEN BLEND

Einen sehr ordentlichen Anteil von 35 Prozent nimmt der herrische Imperial ein, der das vollblütige Kontingent anführt, wobei der Caol Ila für Körper und Nachhaltigkeit sorgt. Ein Deanston aus eigener Abfüllung hellt die Mischung ein wenig auf. Da dies ein Burn Stewart Blend ist, stärkt der Grain mit dem Zusammenspiel Girvan-North British der Mischung das Rückgrat.

DUFT Unglaublich lebendig und pfeffrig, braucht dieser Duft nicht lange, um sich zu entwickeln. Anklänge an Honigsüße, Toffee und eine wirklich charaktervolle Grainnote. Dieser Blend schreit geradezu danach, beachtet zu werden.

GESCHMACK Ebenso explosiv am Gaumen, mit einem scharfwürzigen Start und einem Überzug von honigsüßem Malz. Dazwischen etwas Butterkaramel mit einer Spur Aprikose und Kokosnuß. Der Grain umspielt dabei die Geschmacksknospen mit feuriger Schärfe.

ABGANG Eine Menge Vanille und Rauch bei diesem langen Abgang. Sobald der Grain beginnt, Zähne zu zeigen, wird er mit schokoladiger Milde besänftigt. Der abschließenden süßlichen Schärfe steuert die raffinierte Bitterkeit des Grains entgegen.

ANMERKUNG Alle Achtung! Ein kämpferischer, charismatischer Tropfen, der seinem Namenspatron duchaus gerecht wird. Ein Blend für Whisky-Liebhaber: für all jene, die etwas suchen, das über »weich« und »sanft« hinausgeht, zugleich aber nicht auf Biß verzichten wollen. Dieser hier rüttelt die Geschmacksknospen mit einer fast schon spektakulär zu nennenden Palette an Gewürzen, Rauch und Honig auf. Ein traumhafter Whisky.

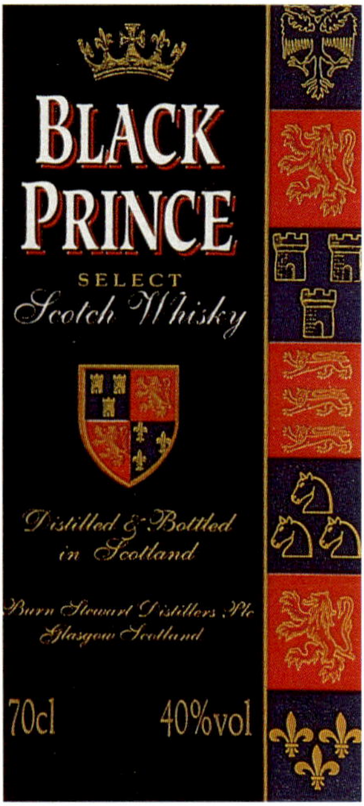

BLACK PRINCE
12 YEARS OLD

Ein kultivierterer Tropfen mit einem außerordentlichen, köstlichen Bourbonduft, der das gezähmte Gegenstück zu seinem quicklebendigen jüngeren Bruder darstellt. Das Honigthema setzt sich fort, und auch der schwarze Pfeffer ist, wenn auch etwas

zurückhaltender, nach wie vor zu spüren. Aus unerfindlichem Grund scheinen die Grains hier am Gaumen dominanter zu wirken als beim Standard Black Prince, und der Geschmack läßt es rundum etwas an Komplexität fehlen. Trotz allem handelt es sich um einen beeindruckenden Blend, der im Abgang einen eigenartigen Tupfer Erdbeere aufweist. Sehr kultiviert und ausgeglichen.

BLACK PRINCE OVER 20 YEARS

Trockeneres und eichentönigeres Aroma mit weniger Honig und mehr Vanille. Am Gaumen bleibt die delikate Süße mit Spuren von Java-Kaffee und schwarzer Johannisbeere. Wie der Duft ist auch der Abgang trockener als bei den jüngeren Varianten. Dagegen schwingt in der kreidigen Eichentönigkeit eine intensive Vanillenote mit, die durch einen Anflug von Apfelkompott und frischem grünem Malz belebt wird. Ein rundum gelungener und herrlich ausgewogener Whisky erster Güte.

BLUE HANGER

Dieser unglaublich gute Whisky von *Berry Bros. & Rudd* ist der heimliche Star einer beeindruckenden Reihe von Blends des renommierten alten Wein- und Spirituosenhändlers in der Londoner St. James Street (siehe Cutty Sark). Meines Wissens handelt es sich hierbei um den einzigen Blend, der seinen Namen einem Kunden verdankt – in diesem Fall einem ziemlich verschrobenen Dandy, der sich ganz in Blau zu kleiden pflegte und das im ausgehenden 17. Jahrhundert neu eröffnete Geschäft regelmäßig beehrte. Seine merkwürdige Gestalt ziert das Etikett.

ÜBER DEN BLEND

Mit seinen 45,6 % Alkohol handelt es sich hier um einen ungewöhnlich hochprozentigen Whisky, der auch nach der Kaltfilterung viele seiner ungesättigten Fettsäuren behalten hat, die für ganz besondere Tiefe und Geschmacksvielfalt sorgen. Aber damit nicht genug: Das letzte Mischen dieses nur wenig bekannten Blends liegt bereits rund fünf Jahre zurück, so daß die verwendeten Whiskysorten, die zwischen acht und zwölf Jahre alt waren, noch fünf zusätzliche Jahre im Faß zubrachten und sich nicht nur aufs schönste vermählen, sondern auch noch weiterreifen konnten. Das Resultat ist womöglich einer der feinsten Blends, der heute erhältlich ist.

Wie bei allen Erzeugnissen von *Berry Bros.* wurde das *Blending* von *Robertson & Baxter* ausgeführt, und insofern können Sie sicher sein, daß Glen Rothes, Highland Park, Bunnahabhain und North British Schlüsselrollen im Charakterprofil übernommen haben: Testen Sie doch nur einmal den Salzgehalt!

DUFT Salzige Meeresbrise, malzig mit herrlich prickelndem Grain, und wie der Großteil der Whiskys von Berry Bros. ist auch dieser in seiner bitteren Süße herrlich ausgewogen mit einem winzigen Hauch von Orangenmarmelade und Honig.

GESCHMACK Am Gaumen fabelhaft tief und ölig. Ein ganz großer Whisky, dem seine Leichtigkeit eine bemerkenswerte Komplexität verleiht. Nur wenige Blends können es mit dieser bittersüßen Ausgewogenheit aufnehmen: Die Gewürze reichen von weißem Pfeffer bis zu Spuren von Paprika, dazu eine extrem kräftige Malzigkeit.

ABGANG Ein zusätzlicher Eichenfilm, der sich erst jetzt entfaltet, läßt einiges an Alter vermuten, dazu die köstliche Leichtigkeit der Grains, die den salzigen Malt etwas verdünnen. Sagenhaft.

ANMERKUNG Es war eine ganze Weile her, seit ich den Blue Hanger das letzte Mal gekostet hatte, und ich kann mit Bestimmtheit sagen, daß er damals nicht so schmeckte. Von den rund 250 Blends, die ich für dieses Buch verkostete, hielt dieser für mich die größte und köstlichste Überraschung bereit. Ein kompromißloser, facettenreicher Whisky höchster Güte, von dem leider keine großen Vorräte vorhanden sind. Von einem Besuch in London sollten Sie aber auf keinen Fall ohne eine Flasche nach Hause zurückkehren. Sie werden in Ihrem Leben nicht so oft die Chance haben, einen so edlen Blend zu genießen. Vielleicht finden Sie ihn auch in der kürzlich in Heathrow eröffneten Filiale von *Berry Bros. & Rudd.* Vergessen Sie Single Malts – ein Glas von diesem Elixier, und Sie werden für den Rest Ihres Lebens auf Blends schwören.

BUCHANAN'S

(*siehe* Black and White)

BUCHANAN'S 12-YEARS-OLD

Über den Blend

Die jüngere Version weist mit rund 50 Prozent eine erstaunliche Menge an Malt auf, in der der honigtönige Dalwhinnie die Führung übernimmt, während der Talisker für die Würze und der Caol Ila für das Gewicht sorgen. Ein Beitrag aus dem Sherryfaß macht sich angenehm bemerkbar, und der Glenndullan steuert zusätzlich die für Speysides typische Tiefe bei. Im 18jährigen ist eine Spur mehr Grain enthalten, doch auch hier bleibt der im Sherry-

faß gelagerte Anteil hoch, und der besonders reine Speysider Aultmore ermöglicht es den vergleichsweise intensiveren Dalwhinnie und Glendullan, sich eindrucksvoll zu präsentieren.

DUFT Ein außerordentliches, nachgerade klassisches Gleichgewicht zwischen grasiger Speyside-Leichtigkeit, der für Perthshire so typischen Honigsüße, einer zurückhaltend torfigen Rauchnote und eichentönigem Grain mit Bourboncharakter. Unverzichtbares Unterrichtsmaterial für jeden angehenden Whiskykenner.

GESCHMACK Dank der ungewöhnlich reinen Speyside-Charakteristika, die sich mit dunkleren, von Heidehonig gefärbten Noten verbinden, entsteht ein Blend, dessen Duft das Wasser im Mund zusammenlaufen läßt. Was ihn so außergewöhnlich macht, ist jedoch in erster Linie die Reinheit der sich im Mund entfaltenden Aromen: die Töne von heidesüßer Würze und Torf. Trotz seiner augenscheinlichen Leichtigkeit besitzt dieser Blend ungeahnte Tiefe und Robustheit – sowie durch den Grain einen hochbefriedigenden Biß.

ABGANG Lang, honigwabensüß und mit der Milde der Vanille und Milchschokolade. Mittellang bis lang – dürfte noch länger sein.

ANMERKUNG Buchanan 12 galt neben dem noch raffinierteren Johnnie Walker Black immer schon meine höchste Bewunderung. Beide Sorten gehörten zu meinen Lieblingsblends. Die gute Nachricht ist: Er wird immer besser. Heute erscheint mir der Whisky noch viel komplexer und ausgereifter als vor vier, fünf Jahren, wobei die Honigtöne eine aussagekräftige Rolle übernehmen. Vielleicht handelt es sich hier um den einzigen Blend, der dem Black Label gefährlich werden kann. Ein genialer Whisky.

JAMES BUCHANAN AGED 18 YEARS

James Buchanan machte sich durch seinen Black & White einen Namen, und wenn man bei den Farben bleibt, ließe sich der

12jährige als »weiß« beschreiben, wohingegen dieser hier »schwarz« wäre. Der Duft enthält nichts von der Komplexität des jüngeren Bruders, doch die Sherry- und Torfnoten treten ebenfalls angenehm zutage. Am Gaumen fühlt sich das dann wieder ganz anders an: Mit unglaublicher Wucht entfaltet sich das gesamte Geschmacksspektrum eines Melton Mowbray Hunting Cake, begleitet von Unmengen an Nüssen, Rosinen und einem leichten Röstaroma. Der Abgang ist rauchig und nachhaltig. Alles in allem wohl einer der süßesten und fülligsten überhaupt erhältlichen Blends. Gut möglich, daß Sie sagen, Sie hätten niemals einen besseren Whisky gekostet – ich persönlich finde das Sherryaroma doch zu aufdringlich, und die Süße könnte durch Grain abgemildert werden. Trotzdem: ein großartiger und ausgesprochen köstlicher Blend.

CADENHEAD'S PUTACHIESIDE

Man möchte beinahe annehmen, daß jeder, der im 19. Jahrhundert in oder um Aberdeen herum geboren wurde und dessen Nachname mit einem »C« begann, früher oder später ins Whiskygeschäft einsteigen mußte. Zunächst wäre da natürlich Chivas zu nennen, dem etwas später Catto folgte. Aber dazwischen gab es noch William Cadenhead, der Catto zwei Jahrzehnte voraus war, weil er sein Unternehmen bereits 1842 gründete.

Das Etikett der Whiskymarke Putachieside zeigt einen alten Platz in Aberdeen vor dem schönen Pub »Prince of Wales«, an dessen Stelle sich heute ein Marks & Spencer befindet. Auf der Zeichnung ist auch der inzwischen an anderer Stelle wiederaufgebaute Wallace-Tower zu erkennen. An diesem Platz begann und endete das Familienunternehmen. Mitte der sechziger Jahre, als der Laden abgerissen wurde, starb auch der letzte der Cadenheads.

Viele Jahre lang wurde die Firma von J. A. Mitchell, den Besitzern der *Springbank*-Destillerie, mitbetreut, die Cadenheads alte Bestände aufgekauft hatten. Und wenn auch das ursprüngliche Geschäft in Aberdeen nicht mehr existiert, gibt es doch zwei Filialen desselben Namens in sehr guter Lage: in der Royal Mile in Edinburgh und in Covent Garden in London. Obwohl Cadenhead damals in Aberdeen womöglich für seinen guten Rum noch bekannter war als für seinen Whisky, ist das Geschäft heute (wenn es dort auch immer noch einige der besten Rumsorten ganz Großbritanniens zu kaufen gibt), vor allem dafür berühmt, daß dort die besten Single Malts erhältlich sind – und zwar direkt vom Faß: ungefiltert und unverdünnt. Putachieside ist ihr Parade-Blend, der den Single Malts das Wasser reichen kann.

CADENHEAD'S PUTACHIESIDE 12-YEARS-OLD

ÜBER DEN BLEND

Vielleicht sollte ich erwähnen, daß ich bei der Verkostung dieses Blends – entgegen meiner sonstigen Gewohnheit – nicht ein einziges Mal meinen Spucknapf verwendete.

DUFT Überwältigend in der Nase und mühelos einer der komplexesten Blends der Welt. Ich nenne in beliebiger Reihenfolge nur ein paar der ungezählten Aromen, die darin zu finden sind: Salz, Myrrhe, Sägemehl, Akazienhonig, Feigen, Kokosnuß, frisch gemahlenes Gerstenmalz, Äpfel.

GESCHMACK All das, was zuvor nur zu riechen war, entfaltet sich jetzt in überwältigender Intensität auf den Geschmacks-

knospen. Erst danach kommt die außergewöhnliche Würze zum Tragen, in die sich immer wieder der köstliche Geschmack von reifen Äpfeln und saftigem jungem Gras mischt und die dabei doch ständig von feinsten Rauchschwaden durchzogen ist.

ABGANG Scheint endlos zu währen. Die delikaten Gewürze nehmen eine etwas kräutertönige Färbung an, und die Eiche beginnt Vanille und Toffee auszuströmen.

ANMERKUNG Tja, was kann man dazu nur sagen? Ein schlichtweg atemberaubender Whisky, der gut und gern zu den fünf besten zählt, die überhaupt im Handel erhältlich sind. In gewisser Hinsicht fast schon zu intensiv – beinahe wünscht man sich, es wäre ein Hauch mehr Grain enthalten, um die Lust ein wenig zu mildern. Er ist so gut, daß er bald schon weh tut – so als hätte man einfach zuviel gelacht. Aber Sie müssen ihn schon selbst probieren, um mich zu verstehen. Zu beschreiben ist dieses Geschmackserlebnis kaum.

CADENHEADS PUTACHIESIDE 25-YEARS-OLD

Der kräftige Bourbon-Charakter, der auf einige offensichtlich sehr alte Grains zurückzuführen ist, verträgt sich harmonisch mit den eher salzigen Malttönen. Wer den 12jährigen Wild Turkey mag, wird diesen Tropfen sicher zu schätzen wissen. Mit seiner überraschenden Süße und Seidigkeit erinnert er weniger an einen Scotch als vielmehr an einen alten Bourbon oder Brandy. Ein exquisites Geschmackserlebnis, das etwas ganz Einmaliges hat. Wer allerdings einen Scotch sucht, ist mit dem 12jährigen besser beraten. Da kann es kaum verwundern, daß dieser Blend die alte und beinahe schon vergessene Bezeichnung »Liqueur Whisky« trägt.

CAMPBELTOWN LOCH

Dieser Whisky hat in den vergangenen fünfzehn Jahren eine radikale Wandlung erfahren – er ist viel malziger geworden und hat seine Alkoholschärfe verloren. Heute ist er ein ausgereifter, seidiger Tropfen mit einem angenehmen Grundstock an Grains und jungen, noch grünen Malznoten (vermutlich von einem Glengarioch), die ihm genau den nötigen Biß verleihen, den Standard Blends gelegentlich vertragen können. Trotzdem ist ein Teil des 20%igen Maltanteils des Blends über zwanzig Jahre alt. Daneben werden geringe Mengen des nicht mehr erhältlichen Dunavarty Vatted Malt verwendet.

COVENT GARDEN 10-YEARS-OLD

Frage: Wann ist ein Cutty Sark kein Cutty Sark? Antwort: Wenn er ein 10jähriger Covent Garden ist. Dieser in Campbeltown erzeugte Blend wird exklusiv in Cadenheads gemütlichem Laden in Covent Garden verkauft. Er ist so klassisch wie die Opern, die ein paar Meter weiter gesungen werden, und besteht aus den frischesten und reinsten Speysidern, die man sich nur wünschen kann. Das daraus resultierende angenehme Kitzeln in der Kehle dient als Erinnerung daran, daß es sich hier um einen Blend handelt. Ein zauberhafter Whisky, der es an Köstlichkeit mit dem Cutty 12 aufnehmen kann. Leichte Spuren von Salz in Duft und Abgang lassen auf seine Wurzeln schließen. Ein ausgezeichneter, gefälliger Blend von unzweifelhafter Qualität und Finesse.

CATTO'S

Neben den Gebrüdern James und John Chivas gehörte James Catto zu den vielleicht berühmtesten Whiskyhändlern im viktorianischen Aberdeen. Da die aus Granit erbaute Stadt sowohl über einen Hafen verfügte, als auch nah am östlichen Ausläufer der Destillerie-Region Speyside lag, wurde sie bald zum Hauptumschlagplatz für Whisky. Kurz nachdem James Catto 1861 seine Firma gegründet hatte, wurde das Verfahren zur Herstellung von Blends entwickelt. Obwohl das Unternehmen der Chivas-Brüder gegenüber seinem einen Vorsprung von sechzig Jahren hatte, war James Catto clever genug, neue Märkte im Ausland zu erschließen. Der Zufall wollte es, daß zwei seiner ehemaligen Schulkameraden aus Aberdeen die Schiffslinien White Star und P&O gegründet hatten und gern bereit waren, Cattos Whiskys zu sämtlichen Häfen rund um die Welt zu verschiffen, an denen ihre Schiffe anlegten.

Nachdem James Catto seinen gewinnträchtigen Exporthandel aufgezogen hatte, machte sich sein Sohn Robert daran, den heimischen Absatz zu vergrößern, als er um die Jahrhundertwende die Leitung der Firma übernahm. Doch es sollte ihm nicht vergönnt sein, sein Vorhaben in die Tat umzusetzen – 1916 fiel er in Frankreich. Da James schon 1908 gestorben war, verkauften die Nachlaßverwalter das Unternehmen an *W. &A. Gilbey,* die wiederum 1962 von *International Distillers and Vintners* übernommen wurden. Der legendäre J&B-Blendmeister Jim Milne hatte sein Handwerk bei Catto gelernt, doch als der Markenname 1990 an *Inver House* ging, bekamen die neuen Eigentümer merkwürdigerweise beim Kauf des Namens die Rezeptur nicht ausgehändigt, so daß sie hauptsächlich Whiskys von *United Distillers* verwendeten, um den Blend neu zu erschaffen.

CATTO'S DELUXE 12-YEARS-OLD

Über den Blend

Trotz des Besitzerwechsels weist dieser Whisky noch eine gewisse geschmackliche Ähnlichkeit mit dem vor über dreißig Jahren verkauften Original auf – sie konnte jedoch noch größer sein. Der

Der Whiskyhändler James Catto genoß im viktorianischen Aberdeen einen großen Ruf.

Catto von damals (ohne das apostrophierte »s«) hatte die Grasnote eines Glenlivet, aber weniger Alter, war eine Spur süßer und in seiner Struktur reiner und leichter. Der heutige Catto's DeLuxe ist mit seinem um die 40 Prozent liegenden Maltanteil (ohne Islays) ein wesentlich älterer Whiksky als sein Vorgänger. Trotz dieser Unterschiede sind beide unzweifelhaft unter die besseren Scotch Blends einzuordnen.

Der Blend setzt sich aus insgesamt 18 Malts und 3 Grains zusammen, wobei der hochwertigste unter diesen ein North British ist, der jedoch deutlich spürbar von der Kombination aus Port Dundas und Cameronbridge übertönt wird. Oban und Ord geben der Rezeptur etwas Schwung, während Aberfeldy, Dalwhinnie und Clynelish sie noch weiter von den ursprünglichen Speyside-Wurzeln entfernen.

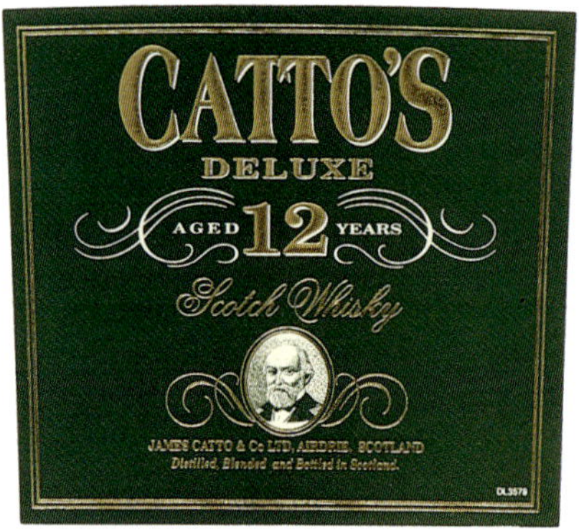

DUFT Ein samtiges, leichtes Aroma, von feinsten Honigmelonennoten zart vergoldet, dazu die für Speyside typische saubere, zitronige Fruchtigkeit und schließlich ein leiser Anflug erdiger, eichentöniger Noten. Unglaublich komplex und zart.

GESCHMACK Eine endlose Serie winzigster Explosionen am Gaumen, wo die fast noch unreife Frische der sauberen Speyside Malts die Geschmacksnerven stürmt. Dieser spektakuläre, köstliche Start steigert sich durch die allmählich freigesetzten volleren, öligeren Noten, die den Gaumen behutsam umschmeicheln, während sich gleichzeitig die Würze entfaltet.

ABGANG Wärmend, mit köstlicher Schokoladenfondant-Süße, die in einer angenehmen butterkeksartigen Mischung mit Kokosnuß und Malz gipfelt. Himmlisch reine Vanilletöne und ein Hauch Milchschokolade blenden den wunderbaren Abgang leise aus.

ANMERKUNG Es gibt weltweit nur sehr wenige Whiskys, die dem Gaumen solche Rätsel aufgeben wie dieser. Die einzelnen Komponenten des Blends sind eher zurückhaltend und zart, von Anfang bis Ende findet sich keine einzige dominante oder erdige Note. Eine Leichtigkeit, die auch durch die strohgelbe Färbung des Whiskys unterstrichen wird. Ein echter Volltreffer für alle, die nach einem zarten und zugleich eleganten Whisky suchen.

CATTO'S RARE OLD SCOTTISH HIGHLAND WHISKY

Ein sehr aromatischer Blend mit würzigen Zitrusnoten, wie man sie oft in sehr teuren Herrenparfums findet. Obwohl die Malzigkeit der Speysides vorherrscht, verleiht ein leicht öliger Anflug der Mischung Leichtigkeit, die allerdings schwerer bleibt als beim 12jährigen. Vor dem trockenen, staubigen Abgang wirkt er seidiger, vollmundiger und sehr viel süßer. Süßer als früher und insgesamt freundlicher.

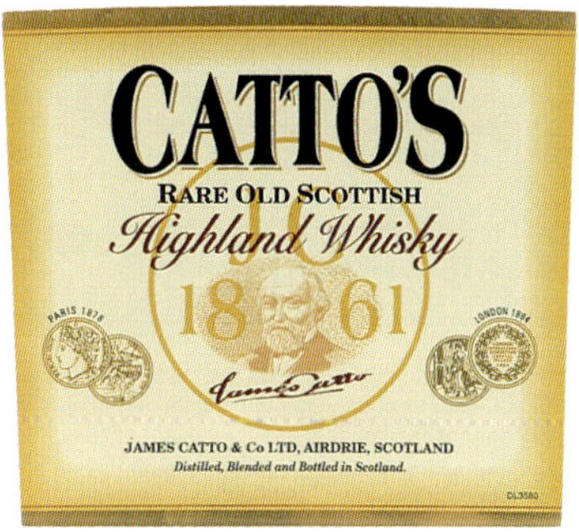

CHIVAS REGAL

Wer heutzutage jemanden bei Chivas Regal anrufen will, sei es in London oder Schottland, muß in jedem Fall die Nummer 1801 wählen. Ein witziger Einfall – handelt es sich doch bei dieser Zahl um das Gründungsjahr des Unternehmens. Irgendwie jedenfalls. In jenem Jahr eröffnete ein gewisser William Edward in Aberdeen eine Lebensmittel- und Weinhandlung. Erst 1836 stieg James Chivas als Partner ins Geschäft ein, und es vergingen weitere einundzwanzig Jahre, ehe die Firma Chivas Brothers gegründet wurde. Eine fast tragische Ironie liegt darin, daß das Unternehmen seine große Bedeutung für den Whisky erst nach dem frühen Tod des 37jährigen Alexander Chivas er-

Die wunderschöne Destillerie Strathisla, die »spirituelle« Heimat des Chivas Regal.

langte (seine Frau sollte ihm wenige Tage später folgen), mit dem die Familie erlosch.

Die Firma hatte einen Großteil ihres Geschäfts auf den Außenhandel konzentriert und brachte im ersten Jahrzehnt des 20. Jahrhunderts einen Blend auf den nordamerikanischen Markt, den sie Chivas Regal nannte. Die Marke brachte Chivas große Bewunderung ein, unter anderem auch die des kanadischen *Seagram-Imperiums,* das die Firma schließlich 1949 für die Summe von 85.000 Pfund erwarb. Seagram begann in der Folge eine Anzahl von Speyside-Destillerien aufzukaufen oder neu zu bauen, deren erste *Strathisla* war, die vor einigen Jahren unter großem Kostenaufwand zum Besucherzentrum für den Chivas Regal hergerichtet wurde und wieder in altem Glanz erstrahlt. Seagram wird mitunter zu Unrecht dafür gerühmt, 1957 mit dem Bau von *Glen Keith* die erste

Malt-Whisky-Brennerei dieses Jahrhunderts errichtet zu haben. Tatsächlich trifft dies auf die *Inverleven Distillery* zu, die neunzehn Jahre früher entstand. Sie wurde, ebenso wie Glen Keith und Seagrams andere brandneue Destillerien *Braes of Glenlivet* (heute Braeval) und *Allt-a-Bhainne*, nur zu dem Zweck errichtet, den Malt-Nachschub für den weltberühmten schottischen Blend zu sichern.

ÜBER DEN BLEND

Früher hing ein Blend mit einem Malt-Anteil von um die 40 Prozent von den kräftigen Speysides ab, die Seagrams eigene Destillerien lieferten, wobei Strathisla nur etwa 4 Prozent des Blends ausmachte. In jüngster Zeit scheint der Strathisla, ein kraftvoller Speyside, allerdings mehr Gewicht eingeräumt zu bekommen – entweder weil sein Anteil leicht erhöht wurde oder weil sich die Anteile der übrigen Whiskys verändert haben.

DUFT Deutliche Apfelaromen mischen sich unter exotischere Früchte wie etwa Mango, wobei das Zusammenspiel der Grains der Mischung eine insgesamt zu herbe Note verleiht. Das Gewicht der flachen Malztöne des Strathisla bringt etwas von der benötigten Fülle mit ein. Nicht völlig verflogen sind die früheren frischen Grasnoten, wenn sie auch in einigen Flaschen ganz fehlen. In anderen sind sie noch in Spuren enthalten, jedoch in viel geringerem Maße als früher.

GESCHMACK Beim Start dieses Whiskys können köstlich zarte Kräutertöne mitschwingen, die durch weiche Malztöne verstärkt werden. Zur Mitte hin entfalten sich der für Strathisla typische Hauch von Mentholsüße sowie einige rauchige Noten.

ABGANG Bestenfalls weich, süß und lockend, wenn man Pech hat, allerdings bitter und scharf. Bei guten Flaschen erweist sich die gegen Ende aufkommende zartbittere Kakaonote als wirklich köstlich.

ANMERKUNG Was soll man über einen Whisky sagen, der vor allem in Amerika als der ultimative Scotch Whisky gehandelt wird? Um ehrlich zu sein, das Wort, das mir als erstes in den Sinn kommt, ist »enttäuschend«. Im Lauf der letzten Jahre ist er zu einem der launischsten Tropfen geworden, den ich kenne. In Top-Form kann er richtiggehend sympathisch sein: Er hat dann einen Hauch von Klasse und ist so schön ausbalanciert, wie man es sich nur wünschen kann, mit sanften Speysides, einer Spur exotischer Frucht, sauberem Grain und einer gewissen reizvoll rauchigen Würze. Leider ist er aber allzuoft einfach nur gewöhnlich oder hat, noch schlimmer, einen völlig reizlosen Duft und einen unangenehmen, brennenden Geschmack, der deutlich eine reichlich übertriebene Dosis Strathclyde verrät. Als Student hatte ich in den siebziger Jahren immer eine Flasche Chivas in meiner Bude. Ich war sozusagen mit ihm aufgewachsen und verehrte ihn regelrecht. Aber heute muß man schon Glück haben, wenn man auf eine Flasche stoßen will, die ihrem Preis gerecht wird. Mir blutet dabei das Herz, und ich hoffe inbrünstig, daß es sich nur um eine vorübergehende Phase handelt. Wenn man bedenkt, daß so große Malts wie der unglaubliche Longmorn und der erstklassige Glen Grant und auch der herrliche Century of Malts sowie zwei absolute Meisterstücke, nämlich Chivas Oldest and Finest und Royal Salute, alle aus demselben Stall kommen, und daß sie alle von einem talentierten Blendmeister betreut werden, kann man nur verwundert und traurig den Kopf schütteln.

CHIVAS REGAL 18-YEARS-OLD

Ein schwereres, süßeres, blumigeres Aroma mit milder rosinenweicher Fruchtigkeit und einem zarten eichentönigen Hauch von Vanille; voller und fetter am Gaumen als der 12jährige, mit einer deutlich an Butterkeks erinnernden Süße, fleischiger Fruchtigkeit und lange nachklingenden Gewürz- und Eichennoten. Wesentlich mehr Körper als der Chivas 12.

CHIVAS BROTHERS OLDEST AND FINEST

ÜBER DEN BLEND

Die erste verkorkte Whiskyflasche, die beim Öffnen leise ploppte wie ein guter Champagner – und das nicht ohne Grund! Jede Flasche dieses Whiskys, der im Februar 1998 in Amsterdam ausschließlich für Duty-free-Shops auf den Markt gebracht wurde, kostet um die 130 Dollar – allerdings ist er auch jeden Cent wert.

DUFT Atemberaubend. Hervorragend ausbalanciert mit kaum mehr als einem winzigen Hauch von Sherry sowie einer Prise Muskat und Nelkenpfeffer. Ein verführerisches Aroma mit für einen Chivas ganz ungewöhnlichen Rauch- und Torfnoten; Eiche ist, wenn auch sehr unterschwellig, wahrnehmbar, und der Malt verleiht der Mischung eine körperreiche und zugleich doch leichte Struktur. Die Grains sind präsent, aber nur zur Unterstützung der Malts. Ein klassischer Whisky für höchste Ansprüche.

GESCHMACK Keinerlei unangenehme Überraschungen: Der Geschmack folgt genau der Spur des Duftes. Vielleicht ist der Sherry eine Idee leichter, als es die Nase suggeriert, aber die Gewürze erweisen sich als quicklebendig und umspielen den Gaumen in atemberaubendem Tempo. Die Malts wurden deutlich herausgearbeitet und bauen sich zu rauchiger Dichte auf, bis die Grains abmildernd dazwischentreten. Über allem liegt eine reife Fruchtigkeit, die sich hauptsächlich aus süßen Rosinen und Sultaninen mit einer Handvoll saftiger Pflaumen zusammensetzt.

ABGANG Herrlich lang, rauchig und wunderbar strukturiert, wobei die Fruchtigkeit langsam verebbt, während die Eiche sich entfaltet. Zu keinem Zeitpunkt so konzentriert wie ein englischer Fruitcake, obwohl er dessen Nussigkeit aufweist.

ANMERKUNG Womöglich der beste Blend, den ich in den letzten Jahren kennengelernt habe. Eine Schöpfung des Blendmeisters Colin Scott, dessen Stärke darin liegt, mit extrem alten Beständen zu arbeiten und einen Whisky herzustellen, der dennoch keinerlei negative Altersspuren aufweist. Sein bislang größter Wurf war der Royal Salute 40-year-old, aber ich glaube, dieser hier übertrifft ihn sogar. Obwohl er es nicht mit dessen wunderbar seidiger Konsistenz aufnehmen kann, besitzt er eine Komplexität, die schlichtweg atemberaubend ist. Daß dieser teure Whisky seinen Preis rechtfertigt, beweist er mit jedem Tropfen. Ein wahres Meisterstück.

CHIVAS BROTHERS 1801

Eine weitere verblüffende und faszinierende Schöpfung von Chivas' Blendmeister Colin Scott. Zu verdanken hat er seine Besonderheit zum Teil seinen 50 Volumenprozent Alkohol, womit man noch einmal zeigen wollte, wie stark Whiskys früher zu sein pflegten. Diese Intensität führt zu einer glücklichen Verbindung von Komplexität und kraftvoller Fülle. Der Duft ist rauchig und salzig und überträgt sich auf den Gaumen, wobei allerdings eine köstliche üppige Süße hinzukommt und ein »grainiger Biß« daran erinnert, daß es sich um einen Blend handelt. Ein einzigartiger Whisky von dezenter Größe.

CLAN CAMPBELL

Die Campbells sind einer der großen schottischen Familienclans und haben ihren imposanten Stammsitz in Inverary Castle. Bei dem Whisky, der den Schloßbesuchern am Eingang zum Verkauf angeboten wird, handelt es sich jedoch nicht um die hier besprochene, von der Firma Campbell Distillers erzeugte Sorte, die zu den 15 meistverkauften Blends der Welt gehört. Statt dessen wurde dort lange eine Eigenmarke namens *Argyll* verkauft, die nach dem Duke of Argyll benannt war, der auf Schloß Inverary lebt.

Die Firma House of Campbell ist nicht ganz so alt. Sie entstand 1937, als Forbes Macgregor & Co. sich in S. Campbell & Son umbenannten, und erhielt ihren heutigen Namen erst 1988. S. Campbell & Son hatten vom ersten Tag an großen Wert auf den Export ihrer Ware gelegt. Als die Firma 1945 die Destillerie *Aberlour* kaufte, tat sie dies nicht nur, um den Maltnachschub für ihre Blends zu sichern, sondern auch, um Whiskys zu tauschen. Eine direkte Folge ihrer Präsenz im Ausland war wohl, daß S. Campbell & Son 1974 vom französischen Getränkegiganten *Pernod Ricard* ebenso aufgekauft wurde, der kurz darauf auch die Destillerien *Edradour* und *Glenallachie* erwarb. Im Jahre 1983 bediente die erfolgreichere Marke *White Heather* zusammen mit dem in den späten siebziger Jahren entwickelten Clan Campbell, der sich jedoch nur langsam durchsetzte, etwa 5 Prozent des französischen Marktes. Doch schon um 1990 war White Heather von Clan Campbell überholt worden, von dem inzwischen jährlich mehr als 750 000 Kisten verkauft wurden. Heute steht er auf der Liste der beliebtesten Scotchs an 14. Stelle mit einem weltweiten Verkauf von 1,2 Millionen Kisten pro Jahr, davon allein 700 000 in Frankreich.

Über den Blend

Deutlicher Speyside-Einfluß, wobei natürlich auch Aberlour und Glenallachie ein Wörtchen mitzureden haben. Trotzdem sind im Blend, der immerhin zu 30 Prozent aus Malts besteht, lediglich drei oder vier Malts enthalten, die keine Speyside Malts sind. Einer von ihnen ist ein Bowmore, allerdings nur sehr behutsam eingesetzt, um für eine zarte Rauchigkeit zu sorgen. Unter den Grains übernehmen Strathclyde und Invergordon die Führung. Das Durchschnittsalter des Whiskys liegt bei etwa fünf Jahren.

DUFT Wunderbar traditionell: Graintönig und temperamentvoll, aber ohne Schärfe. Der Malt spielt eine untergeordnete Rolle, ist jedoch im Hintergrund verführerisch präsent. Nur eine winzige Spur von Minze und Brotteig.

GESCHMACK Eine aromatische Berg-und-Tal-Bahn, süß und trocken, wobei die Grains einen scharfen Kontrast zur Dichte der Malts bilden. Die Süße behält gerade so lange die Oberhand, um Auftritt und Abgang köstlich zu überbrücken.

ABGANG Mittellang mit Unmengen von Vanille.

ANMERKUNG Einige Leute werden ihn sicherlich eine Spur zu herb finden. Aber mich erinnert er an einige der altmo-

Das verwunschene Inverary Castle am Ufer des Loch Fyne ist der Stammsitz des Campbell-Clans, nach dem dieser Blend benannt ist.

discheren Blends, in denen der Grain groß zum Zuge kam und der Malt dem Whisky nur auf die Sprünge half. Obwohl er Biß hat, bewirkt er kein unangenehmes Brennen im Hals, das einem die Luft nimmt. Ein rundum ausgeglichener Blend.

CLAN CAMPBELL HIGHLANDER AGED 12 YEARS

Ein verblüffender Duft aus der fruchtigen Ecke: Reineclauden und Trauben überwiegen, dazu eine süße Rauchigkeit, die für Extra-Tiefe sorgt. Ein Hauch Orangenschale rundet das wundervolle Aroma ab. Im Mund entfalten sich Sherry, mehr Orange sowie trockene Kräuter und Gewürze. Der Abgang bleibt trotz einiger flacher Kakaonoten würzig, während eine salzige und

vielleicht eine Spur zu eichige Trockenheit in das Finale hineinspielen. Trotzdem ist dieser herrliche Schluck heute um Längen besser als noch vor vier, fünf Jahren, als der Grain sich eine Spur zu vorwitzig bemerkbar machte.

CLAN CAMPBELL LEGENDARY AGED 18 YEARS

Ein lebhafter sherrytöniger Duft mit Schokolade, Orange, Rauch und einer fabelhaft milden Grain-Note. Wesentlich fetter am Gaumen als die anderen Clan-Mitglieder (vielleicht weil etwas Glenugie dabei ist), dazu ein Hauch von süßem Kaffee und Torf. Wie es sich für einen ordentlichen Clan Campbell gehört, hat der Grain am meisten zu sagen und spielt sich mit dem Malt die Bälle zu, um, vor allem mit einer verlockenden Mischung von Vanille und Orange, eine erstaunliche Vielfalt am Gaumen zu garantieren. Der Abgang ist sauber und recht lang. Dieser ausnehmend komplexe Whisky wurde erst 1997 auf den Markt gebracht, doch scheint er dazu bestimmt zu sein, dereinst einen verdienten Platz unter den legendären Whiskys einzunehmen – in den Augen derer, die sich ihn leisten können.

CLAN MACGREGOR

Mitunter kann es interessant sein, einen eigenen Blend zu kreieren, das heißt, zwei oder mehr Blends in einem erfolgversprechenden Verhältnis miteinander zu vermischen. Eine Warnung: Verschneiden Sie auf keinen Fall Clan Campbell mit Clan MacGregor – die Mischung könnte explosiv sein! So tief verwurzelt war der Haß zwischen diesen beiden verfeindeten Clans, daß die Campbells den Namen MacGregor gegen Ende des 17. Jahrhunderts sogar ächten ließen. Das führte dazu, daß jeder Träger dieses Namens, der nicht bereit war, ihn zu wechseln, mit dem Tode bedroht wurde. Erst 150 Jahre später wurde das blutige Gesetz vom Parlament widerrufen. Heute fließt zwar kein MacGregor-Blut mehr, dafür jedoch in Amerika um so reichlicher der Whisky gleichen Namens. Hunderttausende Kisten dieses von William Grant abgefüllten Getränks werden dort alljährlich konsumiert.

Der Balvenie-Malt, der auch Bestandteil des Clan-MacGregor-Blend ist, verdankt seinen Namen den Ruinen von Balvenie-Castle.

Über den Blend

Ein junger Blend mit niedrigem Malzanteil. Verwendet wird vornehmlich Girvan-Grain, während einige körperreiche Tamdhu- und Dalmore-Malts dem Balvenie und dem Kininvie eine zusätzliche Note geben.

DUFT Dominante Grainkomponente mit einer ganz leichten Ingwer- und Pfeffernote. Das Malz entfaltet sich langsam, kommt dann jedoch jung und unbeschwert daher.

GESCHMACK Körperreich und cremig im Mund – mit einer herben Süße, die das »Smooth and Mellow« auf dem Etikett rechtfertigt. In der Mitte etwas würzig mit Honigaroma.

ABGANG Die Grains füllen den ganzen Mund, und die Würze trifft auf die nachfolgende cremige Toffeesüße. Lang anhaltend und kernig.

ANMERKUNG Ein junger Blend, der sich den süßen Getreidegeschmack zunutze macht und einen langen Abgang hat. Wundervoll kernig, mäßig komplex und angenehm zu trinken.

THE GORDON-HIGHLANDERS

Dieser 1994 ebenfalls von der Firma William Grant kreierte Blend ist zwar mit seinem doppelt so hohen Maltanteil ebenfalls im Clan-MacGregor-Stil komponiert, setzt sich jedoch deutlich genug von den übrigen Grant-Blends ab. Er entfaltet zwar denselben süßen Duft, riecht jedoch würziger und ein wenig nach Sherry und saftigen, weichen Früchten. Trotzdem ist der Grain etwas deutlicher zu spüren. Im Mund besticht er sogleich durch seine anhaltende Cremigkeit, und die Süße nimmt rasch an Intensität zu. Fabelhaft ausgewogene Grains, die es dem Malt gestatten, seine Gerstenzucker-Süße und seine Rauchigkeit zu entfalten, während der Grain selbst eine Vanillenote beiträgt. Exzellente Balance, die in einem leicht würzigen Finale kulminiert. Ebenfalls ein körperreicher und kerniger Whisky mit beeindruckender Präsenz, der jedoch nie zu schwer wirkt. Für mich hat der Clan MacGregor jedoch etwas mehr Biß und eine komplexere Grainnote.

THE CLAYMORE

Dies ist eine der ältesten schottischen Whisky-Marken, die schon mehrmals den Besitzer gewechselt hat und heute eine wichtige Rolle im Portfolio von *Whyte & Mackay* ist. Sie ist inzwischen über hundert Jahre alt, wurde ursprünglich von der berühmten alten Firma Alexander Ferguson vertrieben und enthielt daher anfangs gewiß Malt aus ihrer heute nicht mehr bestehenden Lowland-Destillerie *Tambowie.* 1907 gelangte der Blend dann unter das Dach der noch größeren Firma *Greenlees Brothers,* die auch an der Malt-Brennerei *Glendullan* in Speyside beteiligt war, und galt von da an als Schwestermarke von Grand Old Parr. Mit einer gewissen Unvermeidlichkeit wurde die Firma 1925 unter dem Namen MacDonald, Greenlees & Williams der Gesellschaft *DCL* einverleibt. The Claymore fiel daraufhin ein gutes halbes Jahrhundert lang in einen Dornröschenschlaf, bis DCL anfing, sie im Vereinigten Königreich als beste preiswerte Marke im großen Stil zu vertreiben. Daß 1977 von der Marke fast eine Million Kisten verkauft werden konnten, ist jedoch mehr auf die schwache Position im Blend-Markt der DCL auf dem britischen Markt zurückzuführen als auf die Qualität dieses Whiskys. Immerhin war die Marke das erfolgreichste Produkt des Unternehmens. Doch als *Guinness* dann DCL übernahm, wurde sie mit etlichen anderen Marken an *Whyte & Mackay* abgestoßen. Hier hat der Blendmeister Richard Patterson der Marke in den vergangenen Jahren wieder zu ungeahntem Ruhm verholfen.

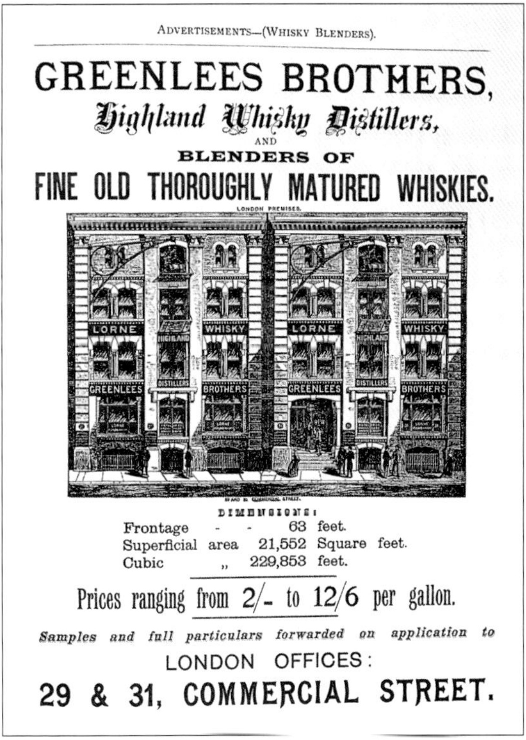

The Claymore gehörte in seiner wechselvollen Geschichte zwischenzeitlich auch einmal zur Firma Greenlees Brothers.

Über den Blend

Die Mischung ist ihrem traditionellen Speyside-Stil treu geblieben, doch seit man in das Rezept auch einige achtjährige Malts aufgenommen hat, ist dies deutlicher spürbar. Trotzdem ist der Malt-Anteil immer noch relativ niedrig, wie es einem preiswerten Produkt geziemt, wobei das zusätzliche Alter den Malt stärker zur Geltung bringt.

DUFT Gut und solide: Feste und weiche Grains spielen zusammen und bieten einer Mischung grasiger und eher flacher Malts eine sichere Basis. Nur ein ganz leichter Rauchton.

GESCHMACK Unglaublich gehaltvoll und üppig. Die Süße ist für den Gaumen gerade noch – oder schon nicht mehr – erträglich. Doch die Zunge genießt den machtvollen Kampf zwischen Grain- und Malt-Elementen und kann gar nicht genug davon bekommen.

ABGANG Anhaltend, leicht rauchig und angenehm süß – mit einem Nachhall von Toffee-Karamel, Vanille, überreifen Pflaumen und Gewürzaromen.

ANMERKUNG Dieser beeindruckende Whisky hat mit dem dünnen, grainlastigen und spritigen Blend von ehedem nichts mehr gemein. Sämtliche Komponenten wirken wesentlich weicher als früher. Das Ergebnis ist der derzeit vielleicht süßeste Blend auf dem Markt, aber der Abgang ist einfach phänomenal. Er ist geradezu endlos und hat zahllose Facetten, wobei Gewürze eine entscheidende Rolle spielen. Besonders geeignet für den weiblichen Gaumen. Angesichts seines äußerst günstigen Preises sollte er in keinem Haushalt fehlen.

JOHN BARR

Noch ein Blend von Whyte & Mackay, freilich ohne den Körper und die Malt-Komponente, denen The Claymore seine Wandlung verdankt. Dank der für den Invergordon-Grain typischen Süße, die die Basis für den ebenso scheuen wie köstlichen Malt bildet, besticht dieser Blend eher durch seinen Geschmack als durch seinen Duft. Trotz seines etwas bitteren Abgangs ein Blend, der für sein Geld gute Qualität bietet.

CRAWFORD'S

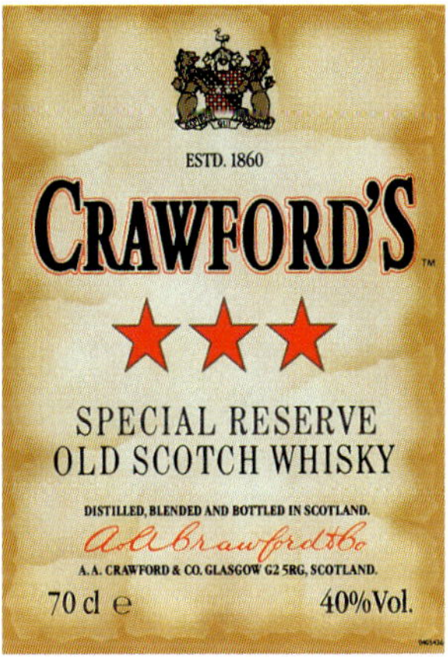

Die Gebrüder Crawford gehörten zu einer ganzen Gruppe von Blendmeistern, die kurz nach 1860 in Leith einen eigenen Laden eröffneten. Bereits 1885 waren sowohl Archibald als auch Aikman Crawford nicht mehr am Leben, hinterließen jedoch ein gesundes Unternehmen. Ihre bekannteste Marke war der Crawford's 3 Star. 1944 war die Firma schließlich so groß, daß sie das Interesse der *DCL* weckte und von dieser aufgekauft wurde. Die Marke wurde bis 1986 vertrieben, als *Whyte & Mackay* sich die Rechte an mehreren DCL-Marken sicherte, darunter auch an Crawford's 3 und 5 Star.

CRAWFORD'S 3 STAR

Diese sehr erfolgreiche Standardmarke gehört zu den zirka zehn bis zwölf bestverkauften Blends Großbritanniens und besticht durch sein festes Grain-Vanille-Aroma, welches sich im Duft angenehm mit einem süßeren Malt-Element verbindet. Die Zunge erlebt diesen Blend anfangs cremig und süß, nicht sonderlich komplex, aber mit einem attraktiven Schokolade-Orange-Ton kurz vor dem Abgang. Der Abgang selbst – mit der üblichen Vanille- und anhaltenden Gewürz- und Toffee-Noten – ist köstlich strukturiert. Schlicht, aber ziemlich angenehm.

CRAWFORD'S 5 STAR

Über den Blend

Rund 40 Malts im Alter von 8–12 Jahren sind mit Grains vermählt und verschnitten, vornehmlich den UDV-Destillaten Port Dundas, Cameronbridge und Cambus. Dieser Blend mit seinem 40prozentigen Maltanteil könnte schon bald vom Markt verschwunden sein – besorgen Sie sich also noch rechtzeitig eine Flasche.

DUFT Ein überwältigendes honigartig-weiches Aroma mit weicher Sherrynote und erstklassigem Zusammenspiel zwischen weichem Grain, tropischen Früchten (Ananas? Mango?) und leicht rauchigem Malt. Dank der ausgleichenden feinen Gewürze weist dieser Blend den exotischsten Duft aller Whiskys auf, die auf dem Markt zu haben sind.

GESCHMACK Die entspannt weichen Töne des Auftritts wiegen die Geschmacksknospen in falscher Sicherheit. Die Süße erinnert mehr an Rohrzucker als an Früchte oder Honig, und dann kommt eine widerborstige Gewürzwelle daher und schafft ein Gegengewicht. Der Malt-Anteil ist zwar nicht zimperlich, tritt aber, wie im Whyte & Mackay-Stil, nicht sonderlich hervor: Er ist einfach da und kommt wie die Brandung daher.

ABGANG Lang, mit subtilen Sherry-Noten, einem Hauch Lakritz, Schokolade-Fondant und Vanille.

ANMERKUNG Was für ein herrlicher Blend! Dickflüssig und kernig – mit einem mächtigen Körper und einer wundervoll anhaltenden Malt-Note. Wirklich ein exzellenter Whisky.

CUTTY SARK

Dieser Whisky besticht durch seine Individualität. Der Grund ist nicht allein, daß er sich des durchaus nicht einmaligen Titels eines – im Gegensatz zum Scotch – »Scots«-Whiskys erfreut. Auch das handgezeichnete und -geschriebene Etikett, das sich in den fünfundsiebzig Jahren seines Bestehens kaum geändert hat, ist hierfür nicht die Haupterklärung und ebensowenig die Tatsache, daß das Getränk farblich ebenso hell wie geschmacklich leicht daherkommt. In Wahrheit liegt es an einer Mischung aus all diesen Dingen und vielleicht an der Besonderheit, daß man diesen berühmtesten Whisky einer der verehrungswürdigsten Institutionen Englands, der Firma *Berry Bros. & Rudd*, von seltenen Ausnahmen abgesehen eigentlich nur außerhalb Großbritanniens findet.

Cutty Sark ist ein gutes Beispiel für den Erfolg einer neugeschaffenen Identität. Berry Bros. & Rudd waren bereits lange etabliert, als die Firma ihren neuen Scotch (oder sollte ich besser Scots sagen?) kreierte. Sie hatte ihren Sitz bereits in der St. James's Street Nr. 3, also mitten im besten Londoner Stadtteil. Und obwohl das Geschäft in der einen oder anderen Form bereits seit 1730 existierte, sollten bis zum Auftritt dieses Whiskys noch weitere 200 Jahre verstreichen.

Das Ladenschild zeigt eine alte Kaffeemühle und erinnert an die Aktivitäten einer gewissen Witwe Bourne, die 1699 ein Lebensmittelgeschäft eröffnete, in dem auch Kaffee gemahlen wurde. 1731 übernahm William Pickering das Geschäft. Die Berrys waren direkte Nachkommen Pickerings, und 1810 wurde der Name Berry erstmals über der Tür angebracht. Wieder hundert Jahre vergingen, bevor »Rudd« hinzukam: Hugh Rudd war ein Weinexperte aus der berühmten Familie Rudd in Norwich und stieg Ende des Ersten Weltkriegs als Juniorpartner in die Firma ein.

Jener Hugh Rudd war auch direkt an der Kreation des später berühmten Cutty Sark beteiligt. Als er einmal in der St. James's Street mit seinen Partnern Francis und Walter Berry zu Mittag aß, kam man auf die Prohibition in den Vereinigten Staaten zu sprechen und auf den Whisky-Export der Firma. Man schrieb Dienstag, den 23. März 1923, und das »noble« Experiment lief bereits seit vier Jahren zwei Monaten und einer Woche. Vor der Prohibition waren nur kleine Whisky-Mengen über den Atlantik exportiert worden,

Wie der Ballantine's profitierte auch der Cutty Sark erheblich vom Schwarzmarkt der Prohibition in den Vereinigten Staaten.

doch jetzt machten sich die drei Männer in Gesellschaft eines vierten – des schottischen Künstlers James McBey – daran, einen auf die durstigen Bürger der Vereinigten Staaten von Amerika zugeschnittenen neuen Whisky zu komponieren. Die Männer wußten, daß in den Staaten, wo Bourbon so gut wie nicht mehr zu haben war, große Mengen kanadischen Whiskys konsumiert wurden. Der kanadische Whisky war leichter als sein US-Pendant, und von vornherein wurde beschlossen, einen Whisky ohne Karamel zu schaffen und die hellere, natürliche Farbe des Scotchs unverändert zu belassen. Außerdem würde man den Blend vor allem aus Speyside-Malts und -grains herstellen, damit er auch in geschmacklicher Hinsicht auf der leichten Seite war. Der neue Whisky fand seinen Weg in die Vereinigten Staaten dann vornehmlich über die Bahamas, wo Francis Berry einen gewissen Kapitän William McCoy kannte. Damit wurde Cutty Sark zu einem »echten McCoy«.

Vielleicht war es kein Zufall, daß ein Whisky, der auf schnelle Transportmittel zur See angewiesen war, Cutty Sark getauft wurde, also den Namen eines Klippers erhielt, der nur ein paar hundert Meter vom späteren Standort der *Dumbarton*-Destillerie entfernt gebaut worden war. Dieses Schiff war in Rekordzeit von England nach Australien gesegelt, zwischenzeitlich unter portugiesischer Flagge gefahren und erst kurz zuvor wieder an die Küste Großbritanniens zurückgekehrt. Das Etikett wurde von McBey persönlich gestaltet und gezeichnet. Nur die Farbe sollte sich noch einmal ändern. Ursprünglich hatte man sich nämlich für ein cremiges Braun entschieden, um Alter zu suggerieren, doch beim Drucker wurde daraus ein lebhaftes Gelb, ein so aufregender Anblick, daß man sich bei Berry Bros. & Rudd entschied, die Farbe beizubehalten. Nach dem unaufhaltsamen Ende der Prohibition wurde der Whisky legal in die USA exportiert. 1961 avancierte er sogar zum beliebtesten Scotch Amerikas, auch wenn ihn seitdem andere Marken überholt haben. Heute wird der Blend gemeinsam von *Berry Bros. & Rudd* und der Firma *Robertson & Baxter* vertrieben, die für das Mischen der einzelnen Komponenten verantwortlich zeichnet.

Über den Blend

Tamdhu, Glen Rothes und The Macallan sind drei der vorherrschenden Einflüsse dieses sauberen Speyside-Blends, wobei etwas Invergordon den vorherrschenden North British Grain verstärkt.

DUFT Dieser Whisky, der farblich an einen Riesling erinnert, kommt auch mit einem entsprechend leichten Aroma samt floralen Noten daher. Der Grain ist stets spürbar und betont noch die scharfe Malzigkeit.

GESCHMACK Wundervoller erster Gaumenkontakt. Die Leichtigkeit bleibt zwar erhalten, doch das Grain und das Malz wirken im Gleichklang. Die scharfen, grasigen Speyside-Elemente bleiben spürbar, und der ganze Whisky wird von einer etwas süßen, doch unverkennbar cremigen Geschmacksnote getragen, die den ganzen Mund ausfüllt.

ABGANG Ein Anflug von Rauchigkeit mit Eichen- und Vanilletönen. Klingt etwas bitter aus – mit einer ganz, ganz feinen Schokoladennote am Ende.

ANMERKUNG Wann immer ich außerhalb Großbritanniens in einer Bar auf diesen Whisky stoße, muß ich von diesem Juwel der Blendkunst eine Kostprobe nehmen.

CUTTY SARK EMERALD AGED 12 YEARS

Knackiges grünes Malz und köstliche Grains lassen von Anfang an keinen Zweifel daran, daß man es mit einem Blend zu tun hat, und die klaren Speyside-Malts, die sich herrlich mit dem Grain vermischen, bestätigen, daß es sich um einen Cutty Sark handelt. Eine atemberaubende Gaumenfreude, ein Fest geschmeidiger Speyside-Malts. Erstklassige Balance von süß und trocken mit begrenzter Komplexität, da es am nötigen Basisaroma fehlt. Besonders köstlicher Abgang, wobei sich das Malz und die trockenere Eichennote den Vorrang streitig machen. Ein feiner Tropfen.

CUTTY SARK DISCOVERY AGED 18 YEARS

Wesentlich volleres Aroma mit weichen Sherry-Anklängen und sogar einem Hauch Minze und Rauch. Das Malz entfaltet Tiefenwirkung, doch der Grain tritt mit einer scharfen Note hinzu, so daß fast ein 3-D-Effekt entsteht. Das reiche Aroma wird auf dem Gaumen vielfach verstärkt. Obwohl toffeesüß, bleibt die Cremigkeit bis in die würzige Malznote hinein spürbar, und dann erfolgt eine Explosion malziger Töne – von weich und kernig bis hochtönend. Der ganze Whisky bietet ein Konzert von komplementären Geschmacksnoten, die auf allen Seiten die Geschmacksknospen umspielen. Einer meiner Favoriten.

DEWAR'S WHITE LABEL

Dies ist nicht allein der bestverkaufte Scotch Amerikas, sondern die teuerste Whisky-Marke, die je den Besitzer gewechselt hat. Als *Guinness* und *IDV* fusionierten, schrillten bei den Wettbewerbsbehörden weltweit die Alarmglocken. Um die Situation zu entschärfen, trennten sich die unter dem Namen Diageo firmierenden Fusionspartner von Dewar's, einer der Hauptmarken der alten *DCL.* Die Schlacht um Dewar's wurde hinter den Kulissen geführt. Angeblich handelte es sich bei den Hauptbietern um zwei riesige unabhängige Konzerne, die zwar über große Marketing-Teams, freilich über keinen der großen Scotch Blends geboten. Die Kombattanten waren *Brown Forman,* die Inhaber von Jack Daniel's, und *Bacardi.* Für einen Preis von 1,15 Milliarden Pfund erhielt schließlich der Rum-Hersteller den Zuschlag und konnte damit das Whisky-Unternehmen aus Louisville, Kentucky, knapp überbieten.

Für diese Summe erhielt Bacardi außerdem Bombay Sapphire Gin und – zweifellos zur Verärgerung der Blendmeister bei United Distillers – vier Destillerien: *Aberfeldy* (die erste Destillerie von Dewar's), *Craigollachie, Aultmore* (mit Dewar seit 1923 verbunden) und *Royal Brackla.* Nur wenige werden Brackla eine Träne nachweinen, doch der Verlust von Aberfeldy und Craigellachie, wo zwei der sensationellsten, jedoch weithin unterschätzten schottischen Whiskys gebrannt werden, dürfte in Edinburgh tiefe Trauer ausgelöst haben. Trotzdem hätte der rührige Tommy Dewar an dem ganzen Vorgang vermutlich seine helle Freude gehabt. Er trat 1881 in das Familienunternehmen ein und sorgte dort sogleich für Furore. Die Firma John Dewar & Sons war ursprünglich eine von mehreren Wein- und Spirituosenhandlungen in Perth. Nachdem John sein Geschäft bei einem verwandten Wein- und Spirituosenhändler gelernt hatte, eröffnete er 1846 in 111 High Street in Perth einen eigenen Laden. Anfangs handelte er mit Single Malts. Als dann die Blends immer beliebter wurden, nahmen John sen. und John jun. auch Blends in ihr Sortiment auf. Dann stieg Tommy in das Geschäft ein. Schon bald reiste er in Großbritannien und der übrigen Welt umher und sorgte durch ein umfangreiches Händler-Netz für eine Expansion des väterlichen Unternehmens. Sein Bruder John blieb währenddessen in Schottland und kümmerte sich darum, daß stets genügend Whisky für Tommys unentwegt steigende Nachfrage vorhanden war. Einige Jahre später bauten die beiden die Destillerie *Aberfeldy,* die 1898 fertiggestellt wurde um die gestiegene Nachfrage zu befriedigen. Der Blend, der Tommy am Herzen lag, war Dewar's White Label. Er unternahm alles, um seine Marke bekannt zu machen. So setzte er etwa

Eine Dewar's-Anzeige verweist auf die lange Geschichte des Hauses.

Dudelsackpfeifer ein, um die Aufmerksamkeit auf seinen Whisky zu lenken (der Dudelsackpfeifer ist noch immer auf dem Etikett zu sehen), und er machte sogar die erste kommerzielle Werbetafel überhaupt: Er ließ unweit der Waterloo Bridge, am südlichen Themseufer, in Gestalt eines Schotten mit Kilt eine riesige Konstruktion errichten. Die Figur hob ein Schnapsglas in die Luft und war das größte elektrisch betriebene Werbemittel der damaligen Zeit. Der Erfolg und die finanziellen Segnungen seiner offensiven Vermarktungsstrategie ließen nicht lange auf sich warten: 1895 war er der dritte Autobesitzer in Großbritannien, und zwar fuhr er einen Benz. Der erste war der Prinz von Wales und der zweite der Teemagnat Sir Thomas Lipton. Und wie James Buchanan entwickelte auch Tommy ein reges Interesse an Pferderennen und an der Vollblutzucht.

In späteren Jahren gelangten die beiden Dewars dann auch noch ins Oberhaus; freilich hatten sie sich zuvor bereits im Unterhaus gegenübergesessen, und zwar Tommy als Konservativer und sein Bruder als Liberaler. Doch in jüngeren Jahren, als Tommy die Firma zu einem der drei größten Whisky-Unternehmen Schottlands machte, war er im Unterhaus nur selten anzutreffen und reiste statt dessen in der Welt umher, besuchte sogar das Weiße Haus, wo Präsident Benjamin Harrison Dewar's faßweise lagerte. 1914/15 führten Dewar, Buchanan, John Walker und Mackie (von White Horse) langwierige Fusionsverhandlungen. Am Ende dieser Gespräche wurden dann jedoch nur John Dewar und James Buchanan Partner und firmierten anfangs unter dem Namen Scotch Whisky Brands und später als Dewar-Buchanan. In gewisser Hinsicht paßte dies sogar: Denn Tommy Dewar und Jimmy Buchanan waren aus einem Holz geschnitzt und verwendeten beide ihre enorme Energie und ihr Charisma dazu, nicht nur ihre Marken aufzubauen, sondern den schottischen Whisky und speziell die Blends gesellschaftsfähig zu machen. 1925 kam Dewar Buchanan schließlich doch noch mit Mackie und Walker zusammen, als DCL alle drei Firmen übernahm. Inzwischen hat Dewar's dank *Bacardi* praktisch seine Eigenständigkeit zurückgewonnen, und natürlich würde ein Mann wie Tommy alles daransetzen, mit seiner Marke nicht nur in den USA die Nummer eins zu sein, sondern in der ganzen Welt. Voraussetzung wäre allerdings, daß sich die Durchsetzung dieses Ziels mit seinen Vorstellungen von Stil vereinbaren ließe.

Tommy Dewar war einer der Whisky-Barone des frühen 20. Jahrhunderts. Er führte das Leben eines Playboys und interessierte sich genau wie Jimmy Buchanan leidenschaftlich für Pferderennen und Vollblutzucht. Sein »Playboy«-Image machte sich die Firma auch in ihren Werbekampagnen zunutze.

Über den Blend

Der Whisky hat seinen Charakter seit der Anfangszeit grundlegend verändert. Vor dem Krieg und kurz danach legte man großen Wert auf das Prädikat »Of Great Age«, obwohl genaue Zahlen nicht genannt wurden. Sicher war er früher geschmacklich und im Aroma wesentlich torfiger und hatte die typische ölig-süße Malznote im Perthshire-Stil: Heidekraut mit Honiganklängen. Der Grain wirkte gewissermaßen wie ein Nachhall. Kurz: ein beeindruckender Blend. Die heutige Version ist jünger, leichter und robuster. Der Einfluß der benachbarten Brennereien ist zurückgegangen, obwohl Aberfeldy weiterhin eine wichtige Rolle spielt.

DUFT Verglichen mit früher unglaublich leicht. Der Soufflé-Duft unter den hochklassigen UDV-Blends. Trotz des frischen, klaren Grains, ist der – ungetorfte – Malt deutlich spürbar. Wärmen Sie das Glas ein bißchen in der Hand an, dann kommen die gewichtigeren Malt-Noten besser zur Geltung.

GESCHMACK Angenehm am Gaumen, wobei bittere und süße Anklänge sich eindrucksvoll die Waage halten. Der Malt wird im Mund viel schneller spürbar als in der Nase und bildet eine solide Basis für einige Honig-Noten und eine anhaltende rauchige Würze. Der Grain wirkt sehr ausgeglichen und weich.

ABGANG Für einen leichten Whisky ist der Abgang erstaunlich lang. Vanille dominiert zwar, doch der Honig wirkt nach und verbindet sich herrlich mit weichem Torf.

ANMERKUNG Das Aroma weckt anfangs den Eindruck, man habe es mit einem eher faden Whisky zu tun. Ein Spritzer Wasser läßt das Gegenteil vermuten, was der handwarme Whisky bestätigt. Eine überaus seltene Rezeptur: ein leichter Whisky mit minimalem Torfanklang, der den Gaumen trotzdem mit seiner Fülle und Komplexität verwöhnt. Ein sehr beliebter Whisky, und das zu Recht.

DEW OF BEN NEVIS

Nur wenige Whisky-Marken tragen ihren Namen schon so lange wie diese, die dem legendären Brenner »Long John« MacDonald zugeschrieben wird. 1825 gründete er in Fort William in Sichtweite des Ben Nevis, des höchsten Gipfels in Großbritannien, seine Destillerie. Im zweiten Jahrzehnt seines Unternehmens füllte er einen Single Malt ab, dem er den romantischen Namen »Tau vom Ben Nevis« gab. Die Marke existierte bis weit ins 20. Jahrhundert hinein, verwandelte sich jedoch gegen Ende des 19. Jahrhunderts von einem Single Malt in einen Blend.

Unter merkwürdigen Umständen kam es dann jedoch zu einer Trennung der Namen Long John (*siehe* Long John) und Dew of Ben Nevis. Erst als die *Long John Company* 1981 die *Ben Nevis Distillery* erwarb, wurden die beiden Marken wiedervereinigt. Doch Long John tat wenig für die beiden Brände, und so wurde der Blend erst wirklich wiederbelebt, als der japanische Whiskyhersteller *Nikka* die Marke 1989 erwarb, wenn auch vornehmlich zur Versorgung der 40 000 Besucher, die die Destillerie alljährlich besichtigen. Allerdings hätte der Blend ein noch wesentlich größeres Publikum verdient.

Über den Blend

Von Invergorden produziert. Enthält bislang nicht viel Ben-Nevis-Malt.

DUFT Am Anfang ziemlich deutliche Grain-Präsenz, wird jedoch im handwarmen Glas weicher. Jenseits davon eine süße Malt- und eine sehr schwache Rauchnote.

Gegenüber: Dem verschneiten Gipfel des Ben Nevis verdankt der Dew of Ben Nevis den romantischen Namen.

GESCHMACK Guter süßer erster Gaumenkontakt. Auch hier ist wieder die Festigkeit des Grains spürbar, danach gewinnt eine unaufdringliche malzige Süße die Oberhand im Mittelteil.

ABGANG Eine schwache würzige Rauchnote sorgt für zusätzliche Belebung. Sehr langer Abgang für einen Blend dieses Stils, der eine ganze Weile süß und honigartig nachwirkt, bevor er mit einem trockenen Toffee- und Vanille-Nachhall ausklingt.

ANMERKUNG Ein köstlich fester, gleichmäßiger Blend, der mit zunehmender Dauer besser wird. Ein Blend der alten Schule mit einem beruhigenden Biß beim Schlucken. Wundervoll!

DEW OF BEN NEVIS 12-YEAR-OLD

Dieser Blend besticht durch ein herrliches Aroma: köstlich blumig mit einem Hauch Minze und einer wundervollen Heidehonig-Note. Und als Gegengewicht genau die richtige Dosis Rauchigkeit. Der Geschmack füllt den ganzen Mund aus, am Anfang ein wenig viskos, malzig und eine Idee torfig. Am Ende übertönt der Grain schließlich den Malt, jedoch daunenweich mitsamt einigen exzellenten Kakao-Anklängen, die das ganze perfekt abrunden: so weich wie ein Blend nur sein kann.

DEW OF BEN NEVIS AGED 21 YEARS

Groß und extrem bourbonartig im Aroma mit etwas grüner Minze und Nelke, die die immense Apfelfrucht ergänzen. Geschmacklich beginnt der Whisky süß – mit Akazienhonig und Rosinen. Sehr reiche Malz- und Toffee- oder vielleicht Toffee-Apfel-Noten. In der Mitte tritt dann der Ahornsirup hervor. Der Abgang wird mehr und mehr würzig. Die Oloroso-Süße baut sich zusammen mit einem Anflug von Rauch auf. Dieser Flaggschiff-Blend kann sich eines enormen Charakters rühmen. Die Frucht-Sherry-und-Torfkombination ist durchweg unwiderstehlich. Relativ bourbonartig, aber hochklassiger Stoff.

DIMPLE

Dieser auf dem amerikanischen Markt sehr beliebte De-Luxe-Blend – dort nennt man ihn »Pinch« – ist ein Abkömmling der berühmten *Haig*-Familie. Die Firma Haig & Haig wurde 1888 von John Alicius Haig gegründet, dessen Bruder Hugh Veitch Haig als Direktor von John Haig & Co. fungierte. »JA« ging sogleich daran, seinen in den berühmten »Grübchen«-Flaschen abgefüllten Whisky in die USA zu exportieren. Trotzdem machte die Firma innerhalb von zehn Jahren Konkurs. Sie wurde jedoch von *Robertson & Baxter* aufgekauft, die sie 1925 schließlich – in wesentlich besserem Zustand – an *DCL* weiterveräußerten. Sie verkauften die Marke – und damit einen der beliebtesten Vorkriegs-»Schnäpse« Großbritanniens – zusammen mit dem unglaublich erfolgreichen Gold Label.

Über den Blend

Dies ist ein Blend mit hohem Malt- und relativ geringem Grainanteil. Wie es der Haig-Tradition entspricht, spielt der Glenkinchie – gefolgt von Linkwood – die Hauptrolle. Etwas alter Clynelish ist zweifellos für das Vergnügen am Ende verantwortlich, während der Teaninich für weich-rauchige Malzigkeit sorgt. Unter den Grains steuern die eher seltenen *Caledonian* und *Cambus* einen Hauch von Eleganz bei.

DUFT Ein überraschend scharfer, leicht säuerlicher Duft mit einem unangenehmen Brandgeruch im Gefolge. Darauf folgen eine flache Maltnote und auch sonst keine große Komplexität. Alles in allem eher enttäuschend.

GESCHMACK Wesentlich weicher am Gaumen – mit einem augenblicklichen, wenn auch kurzen Speyside-Malt-Anklang. Danach entfaltet der Grain eine verdünnende Wirkung, bevor eine enorme Welle flacher, fast undefinierbarer Malzigkeit daherkommt. Inzwischen hat die Sache eine gewisse Würzigkeit, und die ersten Rauchspuren bieten eine willkommene Abwechslung von der etwas chaotisch-holprigen Mitte.

ABGANG Endlich können wir von Klasse reden. Das hier ist wirklich fabelhaft, wobei der Torf einen Heide-Ton aufnimmt und die Toffee-Vanille-Note das Erlebnis versüßt. Ferner wird der Gaumen von exzellenter Würzigkeit verwöhnt, und dann kommt eine kleine Dosis sehr dunkler Schokolade daher, um die Sache zu beenden. Fabelhaft, wie gesagt. Trotzdem eine Warnung: Ich bin schon ein, zwei Flaschen begegnet, die unter dem Nennwert lagen.

ANMERKUNG Dieser Blend braucht lange, um in Schwung zu kommen. Mit dem Duft bin ich nie wirklich zurechtgekommen, und geschmacklich erreicht der Blend am Anfang nicht das klassische UDV-Niveau. Doch die Mitte und der Abgang sind schlicht sensationell, wobei die Zunge und die Geschmacksknospen Überstunden machen, um alles, was da abläuft, im Griff zu behalten. Am besten in voller Stärke und in großen Schlucken zu genießen. Der Abgang läßt Sie die Zeit vergessen.

DUNHILL

Die Marke wurde 1981 als Gemeinschaftsprojekt zwischen Alfred Dunhill und *IDV* herausgebracht, um das Dunhill-Spektrum exklusiver Männer-Accessoires zu erweitern. Aber es gibt auch durchaus Frauen, die diesen Whisky zu schätzen wissen!

Die Allianz zerbrach im Oktober 1997, als Dunhill sich mit den *Highland Distilleries* verbündete und *Robertson & Baxter* mit dem *Blending* beauftragte. Anläßlich seines hundertjährigen Bestehens brachte Dunhill 1993 den teuersten Whisky aller Zeiten heraus. Man ließ dazu hundert Faß mit diversen Whiskys aus Destillerien abfüllen, die bereits aktiv waren, als Dunhill gegründet wurde. Die Ehre, ein solch exklusives Faß zu erwerben, kostete den Konsumenten 43 000 Pfund. Und tatsächlich gab es Abnehmer, obwohl meines Wissens noch einige der Fässer verfügbar sind.

DUNHILL OLD MASTER

Über den Blend

Robertson & Baxter geben sich Mühe, dem Originalrezept möglichst nahezukommen, wobei *North British* weiterhin der wichtigste Grain ist. Allerdings sind von den Malts jetzt Glen Rothes und Tamdhu etwas stärker vertreten.

DUFT Klassischer edler Blend-Charakter: Die Grain- und Maltnoten haben Tiefe und kommen ziemlich gleichgewichtig daher. Vanille und sanfter Rauch bereichern die eher flachen Malztöne um weitere Dimensionen.

GESCHMACK Augenblickliche seidige Präsenz mit unauflöslich verbundenen Grain- und Maltelementen. Enorme Komplexität mit Kräuteranklängen, die die leichten Grain- und die Heidehonig-Maltnoten abrunden.

ABGANG Eine Anflug von Lakritz und Rauch ergänzt die anhaltende Vanille-Gewürz-Note.

ANMERKUNG Der Duft ist vielleicht nicht mehr so delikat und Speyside-orientiert wie früher (tatsächlich war dies für mich der klassische Scotch Blend, was den Duft betrifft), doch die größere Fülle der heutigen Version hat ihm geschmacklich nicht geschadet. Weiterhin ein erstklassiger Blend, doch heute allein wegen seiner geschmacklichen Komplexität.

DUNHILL GENTLEMEN'S SPEYSIDE BLEND

Viel weicher, honigtöniger, körperreicher am Gaumen als der Old Master – mit mehr Tiefe und dunklem geröstetem nussigem Schokoladenfondant. In der ersten Zeit war der Grain deutlicher spürbar. Gewiß ein erstklassiger Tropfen, doch in Sachen Biß und Komplexität ist ihm der Old Master dank der zusätzlichen Grainnote überlegen.

THE FAMOUS GROUSE

Mitte des 19. Jahrhunderts muß es eine Freude gewesen sein, in Perth Whisky einzukaufen. Man hätte zum Beispiel eine Kostprobe bei John Dewar nehmen können. Wer dort nicht auf seine Kosten kam, hätte schnell mal bei Arthur Bell vorbeischauen kön-

nen. Genausogut aber hätte man auch bei Matthew Gloag anfangen können, einem ehemaligen Butler, der in den Lebensmittel- und Weinhandel eingeheiratet hatte und 1820 sein eigenes Geschäft eröffnete. Als sein Sohn William B. Gloag in den sechziger Jahren des 19. Jahrhunderts das Geschäft übernahm, machte er sich daran, Single und Vatted Malts miteinander zu verschneiden. Nach 1890 wählte er dann das Moorhuhn als Firmenemblem und taufte seine erfolgreichste Produktlinie The Grouse Brand, wohl nicht zuletzt, um diejenigen anzusprechen, die in den Highlands jagen gingen. Nach einer Weile verlangten die Kunden dann nur noch nach »The Famous Grouse«, und daraufhin ließ Gloag diesen Namen schützen. Der bescheidene Erfolg der Marke und die Unterkapitalisierung der Firma Gloag rief 1970 die *Highland Distilleries* auf den Plan, die aus der Marke den meistverkauften Blend Schottlands machten. Indem sie mit ihm die gestiegene Nachfrage nach einem leichteren Blend bedienten, verkauften sie schon 1980 mehr als eine Million Kartons, womit sie den Umsatz innerhalb eines Jahrzehnts verzehnfachen konnten. Aber auch heute steigen die Umsatzzahlen noch weiter an. Wer in einer britischen Bar einen »low flier« (Tiefflieger) bestellt, bekommt vielleicht einen Grouse vorgesetzt. Doch diese Bezeichnung wird dem bemerkenswerten Wandel der Marke von einem gern getrunkenen Standard-Whisky zum umsatzstärksten Blend in Schottland und zur Nummer zwei in ganz Großbritannien alles andere als gerecht.

ÜBER DEN BLEND

Die Malzbasis des Glen Rothes und die anhaltende Süße des Tamdhu sind allgegenwärtig. Ein klein wenig Macallan gibt dem ganzen noch eine gewisse Speyside-Tiefe. Die Grains, die mehr als 65 Prozent des Blend ausmachen, spielen eine entscheidende Rolle, die auf einer faszinierenden Mischung der Festigkeit des North British mit der zuverlässigen Sanftheit eines Cambus beruht, der wenigstens acht Jahre im Faß verbracht hat.

DUFT Einer der leichtesten und elegantesten unter allen Blends. Nur daß der Grain hier so selbstbewußt und rein daherkommt, daß er eine zusätzliche Fülle beibringt, die wiederum gut zu den frischen, ebenfalls makellosen Malts paßt. Grüne reife, aufgebrochene Gerste ist das vorherrschende Aroma, an dem alles andere hängt.

GESCHMACK Hier hebt dieser Whisky wirklich ab. Obwohl er leicht und entschieden graintönig ist, nimmt er die Zunge voll in Anspruch. Die frische Jugendlichkeit, die in die Nase steigt, gewinnt am Gaumen noch an Prägnanz: marodierende, herrliche Gerste- und Speyside-Noten bewirken im Einklang einen wesentlich volleren und köstlich intensiveren Geschmack, als dem Whisky vielfach zugeschrieben wird.

ABGANG Wirklich beeindruckend. Ziemlich lang für einen so leichten Whisky. Später folgen dann noch Anklänge von Torfrauch und – unverkennbar – Eiche und Toffee-Apfel. Bevor das Grain am Ende obsiegt, kommt noch eine gewisse Würze zum Zuge.

ANMERKUNG Ein wundervoller Blend der obersten Kategorie. Schon seit langem ein Lieblingswhisky der Schotten, und wen wundert das? Herrlich strukturiert, mit einem hervorragenden Wechselspiel zwischen subtilem Malt und voll präsentem fruchtigem Grain. In vielerlei Hinsicht eine Rollenumkehrung gegenüber den Standard-Blends, bei denen die Malts das Sagen haben. Ein durchaus brillanter Blend.

THE FAMOUS GROUSE GOLD RESERVE 12-YEAR-OLD

Wundervolles Honigaroma mit mächtiger Malznote. Hier spielt das Grain tatsächlich nur eine Nebenrolle. Die verführerisch rauchigen Geschmacksnoten teilen sich sogleich dem Gaumen mit, versiegen dann jedoch und geben einer apfelfrischen Fruchtigkeit Raum. Wenn der Blend dann abklingt, treten die Eichentöne deutlicher hervor – mitsamt einigen prononcierten Vanille- und Kaffee-Noten. Ein angenehmer Whisky, bei dem der Malt eine größere Rolle spielt als bei der Standardabfüllung. Und trotzdem – seltsam genug – gebe ich dem alltäglichen Grouse den Vorzug.

BRIG O'PERTH

Dieser Whisky, den ich Anfang der achtziger Jahre regelmäßig in Perth getrunken habe, ist für mich wie ein alter Freund, doch tragischerweise ist er heute kaum mehr zu finden. Das Etikett, das mit einer Zeichnung der alten Stadtbrücke für den Whisky wirbt – ein Emblem, das neuerdings auch Bell's verwendet –, erinnert mehr an einen Médoc als an einen Scotch. Doch das körperreiche, rauchige Aroma, das mit Gloag's Grouse-Whiskys kaum etwas gemein hat, läßt keinen Zweifel daran, daß man es mit einem Blend von echter Qualität zu tun hat. Die Honignote ist in der Nase und am Gaumen etwa gleich deutlich spürbar, und die intensive Rauchigkeit wird durch vorzügliche Gewürze und Brombeer- und Johannisbeernoten ausbalanciert. Wie der Dewar's von ehedem besticht auch dieser Blend durch seinen großen Perthshire-Charakter, und obwohl die Grainnote sich am Ende etwas vordrängt, bleibt die Komplexität erhalten. Ein zutiefst altmodischer Blend für den Kenner.

GRAND OLD PARR

In der Westminster-Abtei liegen die sterblichen Überreste eines gewissen Thomas Parr, der 1635 angeblich im 153. Lebensjahr gestorben sein soll. Es heißt, daß er selbst nach seinem 100. Geburtstag noch munter geheiratet und Kinder gezeugt habe – wie ein zwanzigjähriger Bursche. Da verwundert es nicht, daß eine Whiskyfirma auf die Idee verfallen ist, ihren erstklassigen alten Blend nach diesem Ausbund der Männlichkeit zu benennen. Doch um die Wahrheit zu sagen: Parr selbst war offenbar kein Schnapstrinker, sondern bevorzugte Bier und Cidre. Doch wie UDV-Blendmeister Gordon Neilson mir gegenüber einmal zu bedenken gab: »Hätten Sie denn vielleicht Anfang des 17. Jahrhunderts Whisky getrunken?«

Auf den Markt brachte diesen Blend das angesehene Familienunternehmen *Greenlees Brothers,* eine reiche Familie, die 1870 in den Whisky-Handel einstieg. Als nicht nur der Old Parr, sondern auch der billigere Claymore des Hauses rege Nachfrage fand, erwarb die Familie die Destillerie *Glendullan* (deren Malt bis heute für den Old Parr verwendet wird) und firmierte seit 1919 unter dem Namen MacDonald Greenlees & Williams. 1925 verzichtete man dann auf den Namenszusatz »Williams« (die Vorbesitzer von Glendullan Distillery), und 1926 wurde die Firma Bestandteil von *DCL.* Die Marke befindet sich heute im Besitz der DCL-Abkömmlinge *United Distillers and Vintners* und ist noch immer ein leuchtender Stern auf den Exportmärkten.

GRAND OLD PARR AGED 12 YEARS

Über den Blend

Die große Sherrynote mündet in diverse Malt-Nuancen ein, darunter als vorherrschender der komplexe Cragganmore. Auch hier dient das Speyside-Duett Glendullan und Aultmore dazu, die Dinge mit ihrem typischen Schwung aufzuhellen. Die Grains machen nur die Hälfte dieses Blends aus, und dazu gehören die Produkte zweier stillgelegter Destillerien: Caledonian und der seidige Cambus.

DUFT Attraktiv sherrytönig, ein Hauch von Bourbon-Süße, weinig und würzig.

GESCHMACK Große Präsenz am Gaumen. Von Anfang an ist eine intensive, mäßig ölige Mischung aus Pfeffer, Rohrzucker, Java-Kaffee und sehr erdigem Malz im Spiel. Herrlich komplex und mit feinen Rösttönen.

ABGANG Eiche mit reiner Vanille, doch am Ende Karamel, Nougat, Sherry und Kakao.

ANMERKUNG Ein wirklich hinreißender Knüller von einem Whisky, nichts für empfindliche Gemüter. Die Rösttöne und der Sherry sind anhaltend präsent, allerdings ohne die anderen

Nuancen zu dämpfen. Das Gegenstück für all jene, die mit J & B, Grouse und anderen leichten Whiskys nicht zurechtkommen.

OLD PARR SEASONS

Hier haben wir es mit einer Gruppe aufeinander abgestimmter Blends zu tun – eine Idee, die zunächst ein wenig befremden mag, bei näherer Betrachtung aber durchaus einiges für sich hat. Sie werden in einer »Limited Edition« und in 50-cl-Flaschen angeboten, wohl um den Liebhaber zum Kauf des ganzen Sets zu motivieren. Es handelt sich um vier verschiedene Whiskys: Spring, Summer, Autumn und Winter. Der leichteste dieser Blends ist der Spring, und dann wird die Palette farblich und geschmacklich immer schwerer. Die kurz vor Fertigstellung dieses Buches im Frühjahr 1998 aufgelegte Serie bietet Whisky-Trinkern die in meinen Augen wundervolle Möglichkeit, sich je nach Stimmung mit stilistisch unterschiedlichen Scotch-Versionen zu vergnügen. Eine gute Idee – nicht zuletzt deshalb, weil es schwerfällt, sich für einen eindeutigen Favoriten zu entscheiden. Sie alle sind in ihrer Art qualitativ hochwertige Blends und gestatten es, ohne den geringsten Ruck von einem Gang in den nächsten zu schalten.

AUTUMN

Während der Summer einen Anflug von Rauch aufweist, sorgen hier die Gewürze für Bewegung. Hinzu kommt ein weicher Grainton, der zunächst eine gewisse Leichtigkeit suggeriert, doch dann ist da plötzlich eine Fruchtigkeit, die mit saftiger Fülle einhergeht. Im Finale bringt sich dann die rauchige Note wieder etwas deutlicher zur Geltung.

SPRING

Der leichteste von allen – mit einem erfrischenden Zitronenaroma, das am Gaumen durch eine gewisse Grasigkeit ausbalanciert wird. In der J&B- und Cutty-12-Tradition schmackhafter Whiskys ein wahrhaft durstlöschender und belebender Blend.

SUMMER

Eine wesentlich malzigere Sache. Etwas schwerer in der Nase und am Gaumen, weniger Speyside-Jugendlichkeit und größere Tiefe. Nicht ganz so komplex wie der Spring, doch ein Getränk so richtig nach dem Geschmack des Maltliebhabers.

WINTER

Großzügige Sherrydosis, doch trotz der Farbe und Fruchtigkeit vielleicht nicht so tief, wie man sich wünschen würde. Schade, daß das Feuer auf dem Etikett nicht mit Torf beheizt ist, weil eine zusätzliche Rauchnote und eine gewisse Kernigkeit angebracht wäre, um den Sherry-Einfluß einzudämmen. Trotzdem differenziert und voller Resonanz.

OLD PARR SUPERIOR

Hier hat wirklich der Sherry das Sagen, kommt jedoch rein daher und übertönt jedenfalls in der Nase sämtliche Anzeichen von Grain. An den Geschmacksknospen ist er nicht weniger verwirrend, und trotz eines herrlichen, nur allzu kurzen bittersüßen Gewürz-Honig-Effekts fehlt die Komplexität des 12-year-old. Wer supergeschmeidige, vom Sherry dominierte Whiskys bevorzugt, für den ist dieser hier allerdings ein Muß.

OLD PARR TRIBUTE

Abermals reichlich Sherry, doch diesmal bleibt das Gleichgewicht gewahrt, und zwar dank einiger sehr alter Maltelemente und diverser höchst attraktiver Gewürznoten. Geschmacklich erscheinen diese Gewürze zunächst überaus komplex. Dunkle Schokolade- und Röstkaffee-Noten sind ebenfalls im Spiel und huschen zusammen mit den reinen Sherry- und Toffee-Elementen umher. Dann folgt ein spätes toastiges Vanille-Finale. Ein wirklich alter Whisky, der wie der Old Parr selbst mühelos mit dem Lauf der Zeit fertig zu werden scheint. Auf jeden Fall ein mitreißender, wundervoller Whisky.

GRANT'S

Hier haben wir den seltenen Fall eines Unternehmens, das als Destillerie anfing, aber ein Vermögen mit Blended Scotch Whisky gemacht hat, weil es genau zum richtigen Zeitpunkt auf den Markt gegangen ist. Als Geschäftsführer der Destillerie *Mortlach* in Dufftown war es William Grant gelungen, innerhalb von zwanzig Jahren rund 750 Pfund anzusparen. Dann erfuhr er, daß bei der alten Cardhu Distillery eine Destilliereinrichtung zum Verkauf stand, und investierte sein Geld in die Gründung der Destillerie *Glenfiddich*. Die Bauarbeiten dauerten über ein Jahr, und an Weihnachten 1887 konnte die Anlage in Betrieb genommen werden. Als sein Whisky sogleich auf rege Nachfrage stieß, baute er fünf Jahre später eine zweite Brennerei, die er anfangs *Glen Gordon*, kurz darauf aber *Balvenie* taufte. In den Jahren nach 1890 war Blended Whisky nicht nur in Schottland, sondern im ganzen Empire ungemein beliebt. Zur Erinnerung an den Kriegsruf seines Clans: »Stand fast, Craigellachie!« nannte Grant seinen besten Blend Grant's Standfast. Der Whisky fand soviel Anklang, daß die Firma 1963 eine eigene Grain-Destillerie baute, ein ungeheuer wertvoller Schachzug, da der Blend zu den zehn bestverkauften Whiskys der Welt zählt. Das Unternehmen blieb währenddessen – und bis auf den heutigen Tag – fest in den Händen der Familie Grant. Man ist so stolz auf die Unabhängigkeit der Firma, daß man sogar den Namen Standfast zugunsten der Bezeichnung Family Reserve aufgegeben hat, was durchaus angemessen ist, denn die Zahl der Direktoren und Führungskräfte, die der Familie Grant angehören, bewegt sich fast schon im zweistelligen Bereich.

WILLIAM GRANT'S FAMILY RESERVE

ÜBER DEN BLEND

Von den vierzig Malts, unter denen der Blendmeister auswählen kann, finden sich fünfundzwanzig in diesem herrlichen Blend, darunter auch der Neuling Kininvie. Tatsächlich halten die Malts von William Grant einen Anteil von rund vierzig Prozent aller vertretenen Malts, davon Balvenie und Kininvie mit je

15 und Glenfiddich mit etwa 10 Prozent. Das erklärt auch die klare Speyside-Note. Doch vielleicht ist es das Zusammenspiel so vorzüglicher rauchiger Malts wie Craigellachie, Ardmore und Glengarioch mit den Islay-Malts Laphroaig und Bowmore, was eine derart explosive Komplexität ergibt. Der ebenfalls von Grant's hergestellte Girvan nimmt natürlich unter den Grains eine beherrschende Stellung ein, während der Dumbarton für eine gewisse Robustheit und der Strathclyde vielleicht für den Anflug von Banane sorgen. Es überrascht nicht sonderlich, daß der gesamte Malt-Anteil am Blend in den vergangenen Jahren auf sehr gesunde 35 Prozent angestiegen ist.

DUFT Archetypischer Blended Scotch: eine gesunde Grainbasis, die durch hohe Malznoten bereichert wird, in diesem Fall unverkennbar von Speyside dominiert und mit einem Hauch rauchiger Tiefe. Bei näherer Prüfung bemerkt man, daß es keine Ausreißer gibt, jede Facette des Aromas ist rein und dennoch komplex, und dann kommen noch süßlich-fruchtige Birnen- und Bananen-Anklänge hinzu. Brillant, faszinierend und köstlich strukturiert.

GESCHMACK Fest – mit der Bananen/Vanille-Süße, die die schärferen Malztöne und eine gewisse erdige Schwere ausbalanciert. Auch hier wieder: sehr sauber und komplex.

ABGANG Sehr lang, und zwar wegen der etwas viskosen Süße im oberen Rachen, die sich jedoch erst bemerkbar macht, wenn alle übrigen komplexen Noten abgeklungen sind.

ANMERKUNG Grant's Family Reserve ist ein umwerfender Whisky, einer der komplexesten Blends, den die schottische Whisky-Industrie je kreieren wird. Er hält eine magische Balance zwischen exzellenten Speyside-, rauchigen Malt- und deutlich identifizierbaren Grain-Noten. Das Ergebnis ist ein Blend, der die Geschmacksknospen zugleich massiert und kräftig in Anspruch nimmt. Zusammen mit dem Original Mackinlay einer meiner Favoriten unter den altmodischen Blends für jeden Tag: ein Spitzen-Whisky, der in keinem Haushalt und in keiner Bar oder Kneipe mit Selbstachtung fehlen sollte.

GRANT'S 100 US PROOF SUPERIOR STRENGTH

Zusammen mit Whyte & Mackay's 105 ist dies einer der beiden wichtigsten kräftigen und abgerundeten hochprozentigen Blends auf dem Markt, und dazu noch der edlere von beiden. Mit seiner Bananen-Roggen-Süße ist dieser Blend eine konzentrierte Version des Family Reserve. Dennoch hat er ein subtileres Aromenprofil, da er dank seines süßen, öligen Charakters mehr Tiefe entwickelt. Hinzu kommt beim Abgang eine Eichennote mit der entsprechenden Würzigkeit. Intensiv und exzellent.

GRANT'S CLASSIC RESERVE 12-YEARS-OLD

Eine fast beunruhigende Explosion von Sherry- und Bourbon-Tönen in der Nase, die die Verwendung hochwertiger Fässer und ein hohes Alter vermuten lassen. Eine Orangennote und torfige Würzigkeit begleiten das Aroma, teilen sich aber durchaus auch dem Gaumen mit, doch zuvor beherrscht der Sherry – mit einer reifen weinigen Fruchtigkeit – das Feld. Beim Abgang bringen sich – inmitten von buttrigen Malzanklängen und Vanille-Grain-Noten – die Gewürze nochmals zur Geltung. Wunderbar, einen Blend dieses Alters zu trinken, der noch über soviel Lebendigkeit und Vitalität gebietet. Seltsamerweise hat der normale Family Reserve mehr Komplexität: Was einiges über die Qualität jenes Whiskys aussagt.

ROBBIE DHU 12-YEARS-OLD

(früher: Grant's 12-year-old) Überwältigend fruchtiges Aroma mit dem ganzen Prunk des Glenfiddich in einer seiner besseren Altersstufen. Mit seiner feinen Rauchnote ist dieser Blend in seiner fabelhaften Komplexität einfach köstlich. Einer der Höhepunkte ist der – fast perfekte – sinnliche Geschmack: nicht zu trocken, nicht zu süß, ölig, aber nicht klebrig. Und die Verquickung der härteren Graintöne mit intensiver Malzigkeit ist so gut, wie es von einem 12jährigen Blend nur erwartet werden kann. Wenn man kleinlich sein will: Der Abgang ist vielleicht ein wenig bitter, doch dafür entschädigt die markante Torfigkeit. Trotzdem ein phantastischer Whisky.

HAIG

Die Haigs haben für die frühe Geschichte der schottischen (und sogar der irischen) Whisky-Destillation etwa die gleiche Bedeutung wie die Beams für den Bourbon. Die Haigs waren einfach allgegenwärtig, und jeder der fünf Söhne John Haigs entfaltete seine eigenen Aktivitäten in der Welt des Whiskys, einige freilich mit mehr Erfolg als andere. Immerhin hatten sie einen großen Ruf zu verteidigen. Johns Ururgroßvater Robert Haig war 1655 gerichtlich belangt worden, weil er sich die schlimmste aller Verfehlungen hatte zuschulden kommen lassen: Er hatte am Sabbat destilliert. Man weiß, daß der Sünder Robert seit 1627 in Stirlingshire als Landwirt ansässig war, so daß er mit dem Destillieren wohl kurz darauf angefangen hat. Die Haigs waren vorwiegend Lowland-Destillateure. John Haig heiratete in die Familie Stein und begründete die *Kilbagie Distillery,* wo Robert Stein seine erste kontinuierliche Destillation betrieb. Während Johns ältere Söhne ihre eigenen Wege gingen, blieb sein jüngster Sohn William zu Hause und führte gemeinsam mit seinem Vater das familieneigene Whiskygeschäft. William hatte zwei Söhne, von denen einer, John, 1824 das langlebigste Haig-Unternehmen gründete, nämlich die Destillerie *Cameronbridge* (siehe Kapitel drei). Sie gehörte zu den sechs Grain-Destillerien, die sich 1877 zur *Distillers Company Limited* (DCL) zusammenschlossen. Die Haigs konnten noch eine Zeitlang das Geschäft mit den Blends weiterführen, bis die DCL 1919 auch diesen Geschäftszweig schluckte. Einer der Leiter des Unternehmens war Captain Douglas Haig, der als Field Marshall Haig im Ersten Weltkrieg berühmt wurde.

Sein Name wurde von der *DCL* – vor allem um den Abstinenzlern den Wind aus den Segeln zu nehmen – zur Vermarktung des gleichnamigen Whiskys eingesetzt, und zwar mit Erfolg. Der Haig

Gold Label der dreißiger Jahre war die mit Abstand meistverkaufte Marke in der wahrlich beeindruckenden DCL-Angebotspalette, obwohl er seither an Boden verloren hat.

HAIG GOLD LABEL

ÜBER DEN BLEND

Der Lowlander Glenkinchie ist wesentlicher Bestandteil der Mischung und bildet die Basis für die anderen Malts wie den köstlichen Glenlossie und den komplexen Linkwood. Der Maltanteil beträgt etwa 35 bis 40 Prozent.

DUFT Mit seinem intensiven Malz- und weichen Honigaroma zeichnet sich dieser Whisky durch eine mühelose Eleganz aus. Die Graintöne sind ebenfalls sehr diskret und lassen noch den schwächsten Torfnoten genügend Raum zur Entfaltung.

GESCHMACK Süß und anfangs sehr malzig, gefolgt von vanilletönigem Grain. Eine fast eiercremeartige Süße kämpft mit einem schärferen Speyside-Thema von grünem Apfel um die Vorherrschaft.

ABGANG Zarte Eichentöne, Kaffee, Toffee und weicher, anhaltender Torfgeschmack.

ANMERKUNG Dieser Whisky hat kaum etwas mit dem Feuerwasser gemein, zu dem der Haig vor wenigen Jahren geworden war. Er besticht durch eine herrliche Süße und eine selbstbewußte Malzqualität, die himmelweit von jenem Haig entfernt sind, der früher die Leute bei Single Malts Zuflucht suchen ließ. Wundervoll komplex, doch in einer sehr entspannten, weichen Manier.

Gegenüber: Dank ihrer unermüdlichen Bemühungen gelang es der schottischen Haig-Dynastie, ihre Marke zu einem der berühmtesten Whiskys der Welt zu machen – heute kennt jeder John Haig.

D'ye Ken
John Haig?
Quality with Age
JOHN HAIG & CO. LTD
Whisky
Liqueur
MARKINCH
GOLD LABEL
OLD BLENDED
SCOTCH WHISKY
PRODUCE OF SCOTLAND
Original
Haig Bottle
Dimple Scots
THE ORIGINAL HAIG WHISKY
REGD. TRADE MARK
12/6
Per Bottle
13/6
Per Bottle
OHN HAIG & CO. LTD
Scotch Whisky Distillers MARKINCH FIFE
and KINNAIRD HOUSE, PALL MALL EAST S.W.

HANKEY BANNISTER

Wie der Name eines anderen Blends, Baillie Nicol Jarvie, mag auch der dieses Whiskys affektiert und weit hergeholt erscheinen, doch er ist in Wahrheit nach einem Wein- und Spirituosenhändler benannt, der sich Mitte des 18. Jahrhunderts im elitären Londoner West End niederließ. In den Boomjahren nach 1890 stieg das Unternehmen in das Blend-Geschäft ein und wurde dann 1932 von *Saccone & Speed* übernommen, die anfangs getrennt von Gibraltar aus operiert hatten und als Heereslieferanten zu Geld gekommen waren. 1988 erwarb *Inver House* die Marke von *IDV* und fügte sie seinem beeindruckenden Sortiment an Blends hinzu.

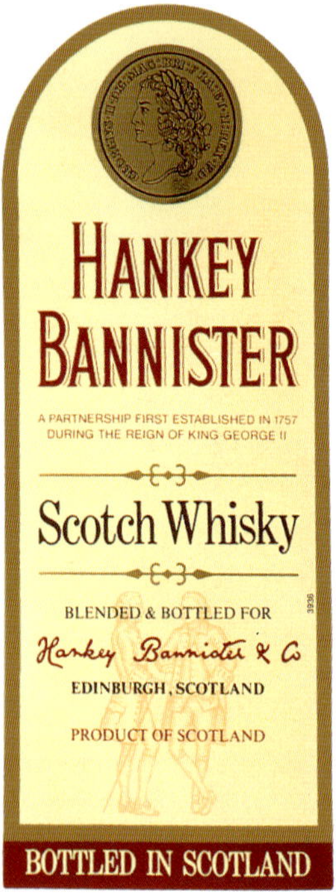

ÜBER DEN BLEND

Noch ein Islay-freier Blend von Inver House mit rund 30 Prozent Malt-Anteil. Die verwendeten Whiskys sind etwa vier oder fünf Jahre alt und ähneln stilistisch dem Catto's, haben allerdings eine stärkere Speyside-Komponente. Hier ist der North British Grain freilich genauso stark vertreten wie der Cameronbridge und der gewichtigere Port Dundas, die beide eine gewisse Verflachung bewirken.

DUFT Alles kreist um die ausgeprägte Würzigkeit, die dem ansonsten leichten Aroma zusätzliche Tiefe gibt.

GESCHMACK Bemerkenswert sauber und toffeesüß. Die gesamte Mitte besteht aus altmodischem Cream-Toffee und subtilen Malznoten.

ABGANG Mittellang und mit anschwellendem Vanilleton zunehmend süßer.

ANMERKUNG Ein subtil leichtgewichtiger Schluck mit exzellenten Toffeenoten im Grain, die sich mit belebenden Gewürzen mischen.

HIGHLAND QUEEN

Das Hafenstädtchen Leith bei Edinburg ist schon seit langem eines der lebendigsten Whisky-Zentren Schottlands. Zwar gibt es hier keine bedeutenden Destillerien, doch bevor der schottische Whisky zu einem wichtigen Wirtschaftszweig aufstieg, wurden hier Weine und Spirituosen aus anderen Ländern angelandet. Dank der sich daraus entwickelnden Infrastruktur eignete sich der Hafen natürlich auch für den Whisky-Export, und zwar zuerst nach England – wo für Spirituosen eine andere Besteuerung galt – und dann in die restliche Welt.

MacDonald & Muir war eine von Dutzenden, wenn nicht gar Hunderten von Whisky-Firmen, die ihre Geschäfte vom alten Hafen in Leith aus betrieben, und hatte zwischen 1893 und 1995 hier am Ort unter verschiedenen Adressen seinen Hauptsitz. Die Verwaltung der Firma lag nicht weit von der Stelle entfernt, wo die schottische Königin Maria Stuart 1561, als halbwüchsiges Mädchen von Frankreich kommend, an Land gegangen war. Dieser von Roderick MacDonald in jungen Jahren gemeinsam mit Alexander Muir kreierte Blend war der erste Whisky, mit dem das Unternehmen auf den Markt ging, und sie gaben ihm den Titel der unglücklichen Highland-Königin, um auf ihre Verbindung mit Leith hinzuweisen. Dank des Erfolgs dieser Marke blühte das Unternehmen auf und wurde so mächtig, daß es in den ersten beiden Jahrzehnten des zwanzigsten Jahrhunderts einige andere Whiskyfirmen und die Destillerien Glenmorangie und Glen Moray aufkaufen konnte.

ÜBER DEN BLEND

Ein Standard-Blend mit einem Maltanteil von rund dreißig bis fünfunddreißig Prozent, komponiert aus 15 fünf Jahre alten Malts und zwei vier Jahre alten Grains, hauptsächlich North British mit etwas Strathclyde. Islay ist lediglich mit einem sehr geringen An-

Der Highland Queen ist nach der unglücklichen schottischen Königin Maria Stuart benannt.

teil vertreten. Auch hier spielt Glen Moray eine wichtige Rolle und gehört vermutlich zu den besseren der verwendeten Malts. Obwohl zur Produktpalette der Hersteller auch der Glenmorangie gehört, findet dieser hier keine Verwendung, was zum Teil erklären mag, warum der Whisky keine spürbaren Obertöne aufweist.

DUFT Ein üppiges, jedoch unverkennbar grainbestimmtes Aroma mit einer verführerischen Fruchtgelee-Süße und einigen knappen grasigen Speyside-Anklängen mitsamt einem zarten Limonenaroma. Vielleicht tritt ein Hauch Karamel dazwischen.

GESCHMACK Am Anfang zunächst fest, dann vorwiegend weich mit einem frühen sauberen, mehligen Malzanklang, gefolgt von einem Zitrushauch. Doch der Grain meldet sich sehr rasch mit schwerem Vanille- und Kakao-Geschütz und spült alles andere davon.

ABGANG Mittellang und völlig unprätentiös. Der Grain hält sich gut, und am Ende dann ein Anflug von Eiche.

ANMERKUNG Dieser Blend ist durch und durch sauber. Der Islay-Anteil kommt kaum zur Geltung, so daß wenig Schwere da ist, um das Grainelement in Schach zu halten. Doch handelt es sich um einen außergewöhnlich leichten, unkomplizierten Whisky, der sich an einem besonders heißen Tag mit ein wenig Wasser und Eis sehr schön als Durstlöscher verwenden läßt. Nicht mehr der geschmacklich wesentlich vollere, malzigere und rundum süßere Highland Queen, den ich von früher her kenne.

ISLAND PRINCE 15-YEARS-OLD

Klassisches Halb-Scotch-halb-Bourbon-Aroma, das einige der besseren Blends in dieser Altersstufe erreichen. Herrlich süßes Aroma, aber mit einem wundervoll rauchigen, würzigen Biß. Für sein Alter ist dieser Blend erstaunlich leicht am Gaumen und huscht mit einer Abfolge anfangs grainiger, dann malzig-cremiger Noten über die Geschmacksknospen. Ein Hauch von Banane und Sahne, während zugleich mit dem Rauch eine eichentönige Vanille-Note einsetzt. Ein sanfter Riese von einem Whisky aus dem Haus der Isle of Arran Distillers.

ROYAL ISLAND FINEST 21-YEARS-OLD

Weiche Eiche und frischer Rauch sind die Hauptcharakteristika des verlockend nussigen Aromas, das dieser einundzwanzigjährige Whisky besitzt. Am Gaumen ist er körperreich – mit einem frühen Aufgebot eichiger Maltnoten –, wirkt dann jedoch, sobald der Grain ins Spiel kommt, wesentlich süßer. Angenehm würzig und beeindruckendes Gleichgewicht, doch nicht ganz so komplex wie der Island Prince.

ISLAY LEGEND

Schon in wenigen Jahren könnte dieser Blend unter der Bezeichnung Islay Hallmark verkauft werden, falls die von der Herstellerfirma geplante Namensänderung tatsächlich vorgenommen wird. Es handelt sich um einen Anfang der achtziger Jahre von Morrison Bowmore kreierten Whisky, der dem Unternehmen die Vermarktung seines Bowmore-Islay-Malts erleichtern sollte. Er ist auf der Insel und in ausgewählten europäischen Ländern im Angebot.

ÜBER DEN BLEND

Etwa halb Malt und halb Grain, wobei der Bowmore seine Muskeln spielen läßt.

DUFT Unverkennbare und unkaschierte Islay-Torfigkeit. Salzig und mit Eichentönen. Das torfige Aroma übertrifft das fast aller anderen Blends.

GESCHMACK Fabelhaft süßer Torf mit Honig- und Heideanklängen. Auch das Malz bringt sich zur Geltung und ist perfekt auf den sauberen Grain abgestimmt, der den Islay-Stil jedoch nicht beeinträchtigt. Obwohl atemberaubend intensiv, ist der Körper von einer Leichtigkeit, die nicht ganz dem Stil des Whiskys entspricht.

ABGANG Langanhaltende süße Kastanien- und Torfnoten mit anhaltenden kernigen Malzanklängen. Am Ende kommt ein wenig eichige Vanille ins Spiel.

ANMERKUNG Die beiden Whisky-Typen, die mir weltweit am meisten zusagen, sind Islay-Malt und Rye. Dieser wahrhaft erstaunliche Blend scheint die torfige Erdigkeit mit der süßen Intensität zu vermählen, die man im Roggen findet. Ein Blend nicht nur für Islay-Liebhaber wie mich, sondern auch für all jene, die etwas suchen, was die Geschmacksknospen reichlich beansprucht. Die Süße ist wirklich bemerkenswert. Ein herrlicher Whisky der obersten Kategorie.

ISLAY MIST

Diese Familie von Blended Whiskys steht für einen Scotch-Stil, der normalerweise den Malts vorbehalten ist. Unter den vielen hundert Blends, die es gibt, ist dies eine wahrhaft einmalige Auswahl. In jüngeren Jahren ist der Whisky durch eine beharrliche Torfigkeit gekennzeichnet. Sie alle sind genau richtig für diejenigen, die ihren Whisky sehr ernst nehmen; Blends, die in sonst unerreichte Tiefen vordringen. Die Marke selbst existiert seit 1928, als sie von den Johnstons, den Besitzern von Laphroaig, anläßlich des einundzwanzigsten Geburtstags eines benachbarten Gutsherrn kreiert wurde. Der Blend wurde von ihnen und den nachfolgenden Besitzern der Destillerie bis 1991 weitergeführt, als er von *Macduff International* unter dem Vorsitz von Stewart Macduff übernommen wurde. Obwohl das Unternehmen bisher noch keine eigene Destillerie hat, hat es – ebenfalls von *Allied Distillers* – eine Reihe berühmter alter Namen aufgekauft, darunter den Lauder's und den Grand MacNish.

ISLAY MIST 8-YEARS-OLD

Dies ist die gewöhnliche, ungereifte Version, der Sie am ehesten begegnen werden. Klassischer junger, temporeicher Torf-Whisky, der noch etliche Ecken und Kanten hat, die nur eine längere Faßreife zu glätten vermag. Dennoch ein köstlicher Tropfen mit soviel Süße, daß der Löffel darin stehenbleibt. Ein fabelhafter Whisky, um etwa auf einer zugigen Fähre auf See oder auf einer Wanderung im Hügelland in Schwung zu bleiben. Das Grain wird von dem Torf fast erdrückt und dient den Geschmacksknospen lediglich als Stoßdämpfer.

DUFT Stechendes Tang- und jodreiches Torfaroma. Süße Malz-Noten, ein Schuß Salzigkeit, und ein längerer Grainton, der die Aromen dünner werden läßt. Außergewöhnlich, besonders für Islay-Liebhaber.

GESCHMACK Üppiger, körperreicher Torf mit einem Schuß Salz und Eiche und dann einem tiefen, rauchigen Malzton. Das Grain huscht umher und macht alles nur ein wenig leichter. Brillantes Gleichgewicht zwischen süß und trocken auf der ganzen Linie. Macht den Mund voll.

ABGANG Der Torf schmiegt sich noch den kleinsten Vertiefungen des Gaumens an. Mit Ausnahme einer Vanille-Nougat-Süße und Kaffeeanklängen ist der Grain verschwunden.

ANMERKUNG Meine Schwäche für schwere Islays ist wohlbekannt, Sie müssen mir deshalb meine hymnischen Charakterisierungen dieses Blends nachsehen, obwohl es bisweilen schwerfällt, diesen Tropfen als solchen zu behandeln. Manche behaupten, dies sei der beste Blend für den Kenner. Es könnte aber auch sein, daß dies der perfekte Whisky für Leute ist, die bislang der Meinung waren, daß sie das Zeug nicht ausstehen können.

ISLAY MIST MASTER'S AGED 12 YEARS

Eine sehr viel ruhigere Version mit durchaus ausgeprägter Torfnote, die jedoch durch honigbetonte und würzige Elemente ausgeglichen wird. Auf dem Gaumen ist der Grain – mitsamt einer gewissen Kakao-Bitterkeit und Eiche-Anklängen – deutlich spürbar, während das Malz den Torf um eine dunkle fruchtige Tiefe bereichert. Ein sehr ernster Whisky, und fraglos der komplexeste und beststrukturierte der ganzen Familie.

ISLAY MIST PREMIUM AGED 17 YEARS

Der Sturm hat sich inzwischen wieder gelegt, und wenigstens das Aroma dieses siebzehnjahrigen Premium-Whiskys besticht durch eine Heidehonig-Süße im Perthshire-Stil mitsamt einer feineren Torfbasis. Geschmacklich kommt der Blend anfangs weich und recht malzintensiv daher und mit einer starken Torfnote, die durch grasigen Malt und Honigwabe und dann durch sehr weichen und leichten Grain gedämpft wird. Der Abgang ist lang mit einem malzigen Beigeschmack und einigen Lakritz-, Rohrzucker- und Gewürzanklängen. Alles in allem ein sehr körperreicher, herrlich ausgewogener Blend.

GRAND MACNISH

Ein ungewöhnlich blumiges Aroma mit Lavendel und Ginster; zudem ein bißchen rauchig. Diese Rauchigkeit setzt sich am Gaumen fort, besonders während des sehr langen Abgangs. Aber die Mitte ist fett und ausgesprochen malzig und erdig. Ein großer, kerniger, hocherfreulicher Whisky, freilich ohne die Finesse des Lauder's Finest.

LAUDER'S

Nach dem leichten grasigen Malt- und scharfen Grainduft mit Zitronenanklängen dominieren auf dem Gaumen in der Mitte süßere Toffee-Noten, gefolgt von einem vanillegetönten Grain im Abgang. Völlig anders im Stil als der Islay Mist und ziemlich gewöhnlich.

LAUDER'S FINEST

Ein flacheres, weicheres, fast ein wenig fades Aroma, doch am Gaumen eine völlig andere Geschichte. Hier mischt sich ein Anflug von Kaffee mit intensiven Malz- und subtilen Gewürznoten. Der Vanille-Abgang ist trocken, doch trotzdem ein auf der ganzen Linie entzückend vielschichtiger, komplexer Whisky.

J&B

Die Gründungsgeschichte dieses alten Hauses wäre ein Stoff für einen BBC-Kostümfilm. Auf der Suche nach Reichtum und Romanze reiste 1749 ein junger Italiener namens Giacamo Justerini nach England. Das Ziel seiner Begierde war die schöne Opernsängerin Margherita Bellino. Sein Geschäftspartner, George Johnson, kam bei einem Reitunfall ums Leben, doch erst nachdem das Unternehmen mit Sitz in Pall Mall ein tragender Pfeiler des Establishments geworden war, einschließlich königlicher Privilegien und der ersten Anzeige für einen Scotch überhaupt in der Londoner *Morning Post.*

Als diese Anzeige für Scotch 1779 geschaltet wurde, war Justerini mit Margherita, die inzwischen seine Frau geworden war, bereits lange nach Italien zurückgekehrt, obwohl sein Name im Geschäft fortlebte. Als Alfred Brooks das Unternehmen 1831 kaufte, ersetzte er Johnsons durch seinen eigenen Namen, so daß das Unternehmen nun als Justerini & Brooks firmierte. Wahrscheinlich hat Justerini während seines England-Aufenthaltes nicht viel über Whisky erfahren, obwohl er bereits in Italien mit der Destillation zu tun gehabt hatte, allerdings hauptsächlich von Likören, die er eigens für sich in London herstellen ließ. Nach Brooks' Einstieg in die Firma hielten sich auch während der folgenden hundert Jahre die Whiskyumsätze in Grenzen, obwohl ihre Whiskys, besonders die Club-Version, schon seit längerem als Spitzenprodukte galten.

Aber erst durch die Markteinführung der Marke J&B nach dem Ende der Prohibition in den USA erlangte der Whisky der Firma internationalen Ruhm. Unter den ersten J&B-Verkäufern

war auch der elegante junge britische Schauspieler in spe David Niven, der auch an Ballantine's sein Glück versuchte. Der leichte J&B-Charakter entsprach dem veränderten amerikanischen Geschmack, wie auch Cutty Sark jetzt entdeckte. Einen zusätzlichen Schub erlebte der J&B Rare, als Justerini & Brooks unter dem Namen *International Distillers and Vintners* mit *W. & A. Gilbey* fusionierte. Dank der massiven Umsatzzuwächse des J&B-Blends, der jetzt zum weltweit am zweitbesten verkauften Whisky aufstieg, wurde IDV zu einer der mächtigsten Getränkefirmen der Welt. 1998 jedoch schloß sich das Unternehmen unter dem Namen *Diageo* mit Guinness zu dem mit Abstand größten Getränkekonzern zusammen, der seine Destillieraktivitäten unter dem Dach der United Distillers and Vintners zusammenfaßte.

J&B RARE

ÜBER DEN BLEND

Die meisten in diesem Blend verarbeiteten Whiskys sind rund acht Jahre alt. Die leichte Erhöhung des Alters ist wahrscheinlich ursächlich für einen subtilen Stilwandel im Laufe der letzten Jahre, wobei der tonangebende Knockando sich noch in seiner süßen Phase befindet. Der Tamdhu sorgt für Fülle, der Auchroisk für eine leichte Speyside-Nuance und der Macallan für Würze. Unter den Grains spielt der North British mit seiner Frische eine Hauptrolle. Wie gering die rauchige Note ist, wird klar, wenn man sich vor Augen hält, daß der bloß mit einem Prozent unter den Malts vertretene Islay teils aus Bowmore und teils aus torflosem Bunnahabhain besteht. Bemerkenswert, wenn man bedenkt, daß in diesem Blend rund vierzig Whiskys enthalten sind.

DUFT Dieser grasig-klare und zitrusfrische Blend ist eine attraktive Mischung aus leichteren Malts und breiterem, charaktervollem Grain.

GESCHMACK So köstlich wie ein Blend nur sein kann: Das Malz besticht durch subtile Gewürznoten und betörende Beiklänge. Der Grain ist ebenfalls spürbar, ergänzt jedoch aufs schönste die frische Struktur. Vielleicht etwas süßer als früher.

ABGANG Reichlich Graintöne, doch mit einer grünen Gerstenfrische, die ganz natürlich an das Malzelement anschließt.

ANMERKUNGEN Ein fabelhaft strukturierter Whisky, der alle Vorzüge eines wenig torfigen bis torflosen Scotch aufweist. Einer der köstlichsten Whiskys der Welt, freilich ein bißchen gehaltvoller und süßer als ehedem.

J&B JET

An seiner total schwarzen Flasche mit dem schwarzen Etikett und goldener und roter Beschriftung ist dieser Whisky ebenso leicht zu erkennen wie im Glas. Nur wenige Whiskys haben in der Nase ein so markantes Aroma wie dieser hier mit seiner fast erratischen Malzigkeit. Er entfaltet sogleich im großen J&B-Stil seine köstliche Wirkung, doch dann macht sich unversehens eine süßere Grainnote bemerkbar und hält sämtliche Rauchnuancen in Schach. Der Abgang hat Anklänge an Eiche. Nicht mehr ganz so süß wie zur Zeit seiner Markteinführung, aber unverkennbar ein J&B.

J&B RESERVE AGED 15 YEARS

Das gehaltvollste, malzigste Aroma der J&B-Familie – mit Stachelbeere und anderen Fruchtnoten. Weich, am Anfang im Mund schmelzende Malzigkeit, und dann kommt jener zusätzliche Speyside-J&B-Charakter zum Vorschein. Nur ein Hauch zusätzlicher Rauchigkeit, aber am Ende reichlich Vanille- und weiche Eichennoten. Die Balance ist beispielhaft.

J&B ULTIMA

Über den Blend

Es wäre zu einfach, diesen außergewöhnlichen Whisky als Spezialität des Anorak-Connaisseurs oder der Sensationslüsternen unter den Whisky-Liebhabern abzutun. Kein anderer Blend hat je so viele Whiskys aus verschiedenen Destillerien enthalten – alles in allem nicht weniger als 128. Auf der Flasche ist vermerkt, daß es sich um das Lebenswerk des Master Distillers von J&B handelt. Dies ist Vergangenheit, da Jim Milne heute als Geschäftsführer bei *J.&W. Hardie* tätig ist, wo der berühmte

Antiquary hergestellt wird. Gemeinsam mit dem Grainspezialisten Robert McIlroy hat er diesen Blend von dem er schon zuvor jahrelang geträumt hatte, kreiert. Die Erlaubnis dazu erhielt er anläßlich der 500. Geburtstags des schottischen Whiskys 1994. Die meisten anderen Blendmeister komponierten damals eine einmalige Jubiläumsabfüllung. J&B hingegen entschied sich für die Einführung eines neuen Produkts. Es wurde unter Verwendung von Malts des Benrinnes- und Cardhu-Typs nach dem Vorbild des J&B Jet kreiert. Jede Flasche dieses Whiskys enthält 116 Malts und 12 Grains. Es handelt sich also schon um eine ganz besondere Mischung ...

DUFT Wie feuchte Gerste in der Mälzerei: grün, erfrischend und voll vielversprechender Grains. Hochkomplex mit eindrucksvollen salzigen und blumig-fruchtigen Noten, doch allesamt sehr gedämpft und herrlich gepflegt.

GESCHMACK Der Gaumen kann den Ansturm der Aromen und Whisky-Stile kaum bewältigen. Wie der Name des Blends andeutet, scheint es fast, als ob sich hier die gesamte Whisky-Branche zugleich auf Ihre Geschmacksknospen stürzen möchte. Trotz seines immens fruchtigen, grasigen, köstlichen Geschmacksprofils bleibt der Blend leicht. Doch die gewichtigeren Rauchanklänge sorgen für eine gewisse Robustheit.

ABGANG Sehr lang und würzig. Eine solche Fülle von Eindrücken, daß man kaum mehr recht weiß, was eigentlich was ist. Besonders bemerkenswert: Gegen Ende treten die Malts und die Grains tatsächlich auseinander, und die Maltnoten sind etwas diffus und flach, während die Grains frischer und knackiger wirken.

ANMERKUNG Ein erstaunlicher Whisky, und zwar sowohl im Konzept als auch in der Ausführung. Eigenartig ist auch, daß sich der Blend trotz seines Riesen-Whiskyaufgebots jenen grünen Speyside-Charakter in dem Maße bewahrt hat, daß er stilistisch zu den übrigen J&Bs paßt. Nur daß er komplexer ist als die übrigen zusammengenommen.

JOHNNIE WALKER

Wenn es in der Geschichte eine Zeit gegeben hat, zu der man als schlichter Lebensmittelhändler noch sein Glück machen konnte, dann war es die Mitte des 19. Jahrhunderts. Und das passende Umfeld war Schottland. Dreißig Jahre war John Walker einer von Hunderten oder Tausenden Einzelhändlern mit einem respektablen Kundenstamm, der ihn zwar nicht reich machte, aber einen relativ angenehmen Lebensstandard garantierte. Er gründete sein Geschäft 1820 in Kilmarnock, Ayrshire, doch erst als sein Sohn Alexander 1856 in die Firma eintrat, ließ er sich davon überzeugen, daß man außer Speck, Tee und Kaffee auch noch andere Dinge verkaufen konnte. Vor Alexanders Intervention hatte der Whisky in dem Laden lediglich eine Nebenrolle gespielt.

Die Partnerschaft währte knapp ein Jahr, als John starb und Alexander nun seinem kaufmännischen Instinkt die Zügel schießen lassen konnte. Zur Hilfe kam ihm ein paar Jahre später das neue Gesetz, das das Verschneiden von Grain- und Maltwhisky gestattete, und schon bald arbeitete er an seinem eigenen Blend. Als dann seine drei Söhne in das Geschäft eintraten, war Johnnie Walker & Sons kein Lebensmittelladen mehr, sondern eine schottische Whisky-Dynastie, was noch deutlicher wurde, als der jüngste Sohn, Alec, nach dem Tod des Vaters 1889 das Geschäft übernahm. Im folgenden Jahr holte Alec dann noch James Stevenson an Bord, der kurz darauf den Slogan »*Johnnie Walker, born 1820*

BY APPOINTMENT TO HER MAJESTY THE QUEEN, SCOTCH WHISKY DISTILLERS, JOHN WALKER & SONS, LTD.

Thank you

Johnnie Walker

–there's no better drink than the smoot
round whisky in the square bott

BORN 1820 — still going strong

– *still going strong«* prägte. Unter Führung dieser beiden Männer expandierte das Unternehmen immer mehr und erwarb 1893 in Speyside die Destillerie *Cardow,* heute *Cardhu,* und drei Jahre später *Annandale* in den Lowlands.

1908 ließ man den Namen Johnnie Walker schützen. Anfangs begnügte sich das Unternehmen mit der Vermarktung seiner drei Marken Old High White Label, Special Red Label und Extra Special Black Label. Der billigere White Label blieb auf der Strecke, als der Red und der Black weltweit abhoben. Unterstützt wurden sie dabei von dem kräftig ausschreitenden Monokelträger Johnnie Walker, einer Figur des Karikaturisten Tom Browne, der noch ein paar Jahre zuvor für die konkurrierenden Blends Teacher's und Roderick Dhu gearbeitet hatte, die damals eine bedeutende Marktposition innehatten. Erst unlängst hat Johnnie Walker diese vielleicht ein wenig übertrieben fröhliche Symbolfigur aufgegeben: ein weiterer Beleg dafür, daß die heutigen Whisky-Unternehmen sich aller Hinweise auf ihre Vergangenheit tunlichst entledigen möchten.

Gleichwohl hat der Whisky seine Identität nie verloren, auch nicht, als die Firma 1925 mit *DCL* fusionierte. Johnnie Walker war zwei Jahre zuvor an die Börse gegangen und hatte seine Unabhängigkeit bis zum Ende tapfer verteidigt und sogar einen Zusammenschluß mit Buchanan-Dewar erwogen. Doch 1925 gaben sowohl Buchanan-Dewar als auch Johnnie Walker, von den enormen Kapitalreserven der DCL verführt, gemeinsam ihre Eigenständigkeit auf, blieben jedoch als eigenständige Labels erhalten. Seither haben besonders die Johnnie-Walker-Blends einen phänomenalen Aufschwung genommen. 1997 war der Johnnie Walker Red mit schwindelerregenden 7,9 Millionen Kartons der meistverkaufte Whisky der Welt. Vielleicht noch ungewöhnlicher ist der Werdegang des Johnnie Walker Black, des für mich besten schottischen Blends am Markt. Von dieser Marke gelangen 3,5 Millionen Kartons in den Verkauf, nur 50.000 weniger als Chivas Regal, der angebliche Marktführer im Bereich der De-Luxe-Blends, absetzen konnte. Das heißt, daß ca. alle 2,77 Sekunden irgendwer irgendwo auf der Welt eine Flasche Johnnie-Walker-Whisky kauft – und da-

Gegenüber: Der berühmte kräftig ausschreitende Dandy mit Monokel, den der Zeichner Tom Browne für Johnnie Walker geschaffen hat.

bei sind die Super-Premium-Blends noch nicht einmal mitgerechnet. Angesichts einer solchen Nachfrage vielleicht noch bemerkenswerter ist die Tatsache, daß es den Blendmeistern fast immer gelingt, ohne Qualitätseinbußen zu arbeiten.

JOHNNIE WALKER RED

Erst seit kurzem wieder in Großbritannien erhältlich, nachdem die Marke von der EWG 1977 ins Exil getrieben worden war. Die EWG hatte damals eine nach Inlands- und Auslandsmärkten gestaffelte Preispolitik untersagt. Daraufhin beschloß die *DCL*, etliche ihrer Marken allein den Exportmärkten vorzubehalten, darunter auch den Johnnie Walker Red Label. Seine Rückkehr auf den britischen Markt gehört für Blend-Freunde zu den besten Nachrichten der letzten Jahre.

ÜBER DEN BLEND

Hat unlängst eine Art Revival erlebt. Eine Zeitlang war er einfach zu leicht, und zwischen Grain- und Malt-Elementen herrschte ein Ungleichgewicht. Doch inzwischen hat der Blend wieder einen volleren Charakter, wobei Caol Ila und Talisker für die nötigen Rauch- und Würznoten sorgen, Glendullan eine solide Malzgrundlage gewährleistet und der Port Dundas Grain dabei hilft, einen in sich konsistenten aromatischen Abgang zu ermöglichen.

DUFT Wundervolle Verschmelzung leichter Grains mit Buttercreme und Torf. Die Malztöne steigen aus dem handwarmen Glas auf und zeigen eine überraschende Honigtiefe mit einem Hauch von Apfel.

GESCHMACK Dank seines vollen öligen Körpers und einer wundervollen Torfschicht ein großer Whisky, und das obwohl andauernd dünne Graintöne mitschwingen. Exzellente Gegenattacke der Malts.

ABGANG Reichlich Graintöne beim Abgang – mit köstlichen Vanille- und Vollmilchschokolade-Anklängen.

ANMERKUNG Vor rund fünf Jahren war dieser Blend ein wenig aus dem Tritt geraten. Doch seither hat er sich wieder gefangen und kommt heute mit einem außergewöhnlichen Charakter daher. Fast unglaublich aktiv am Gaumen. Der Mund wird von einem Whisky bombardiert, der am Ball bleibt und ständig die Gestalt ändert. Faszinierender und absolut wundervoller Blend.

JOHNNIE WALKER BLACK LABEL

Über den Blend

Aberfeldy und Glenlossie steuern Apfelnoten bei, Talisker die Würzigkeit, Cardhu das Malz, Caol Ila den anhaltenden Torf, Craigellachie den weichen Rauch, und der Honig kommt von wer weiß woher. Rund fünfunddreißig Malts und fünf Grains sind in diesem archetypischen schottischen Whisky enthalten. Gewiß sprechen einzelne Malts ein gewichtiges Wort mit. Doch es gibt unzählige Aromen, die ihr Erscheinen erst der Verbindung verschiedener Malts und Grains verdanken.

DUFT Die Art, wie der Torf und der Honig zusammenhängen und mit dem Malz, den Äpfeln und den wärmenden Grains harmonieren, erweckt den Eindruck, die Whiskys in diesem Blend seien eigens füreinander geschaffen worden. Das Geheimnis besteht darin, daß keine dieser Qualitäten dominiert: Hier haben wir einen Schmetterlings-Whisky mit herrlich anmutigen Noten, die die Nase umflattern, bevor sie sich kurz niederlassen, um dann wieder davonzufliegen.

GESCHMACK Dieser Whisky sollte nicht genippt werden. Nehmen Sie davon einen kräftigen Schluck und verwöhnen Sie Ihren Gaumen, bevor sie den edlen Stoff langsam herunterschlucken. Sie werden mit einem beispiellosen Feuerwerk der Blend-Kunst belohnt. Die Intensität des Honigs, die Lebhaftigkeit des Malts und die Raffinesse der Gewürze wirken trotz des öligen Charakters zu einem fabelhaft torfigen Takt zusammen, um Sie in einen Zustand reinster Glückseligkeit zu versetzen.

ABGANG Ein schier endloser Abgang. Die maßvolle Honigsüße bleibt erhalten, geht langsam in Rosinen-Sherry-Fruchtigkeit über, und der Grain sorgt für anmutige seidenweiche Empfindungen. Die Bitterschokolade und die gekochten Kirschen des Abgangs tauchen das Ende dieser Odyssee in flüssiges Gold.

ANMERKUNG Jeden Tag habe ich die Auswahl unter sechstausend Whiskys für einen geselligen Schluck, falls ich einen brauche, und wenigstens einmal pro Woche greife ich zum Black Label. Während die Single-Malt-Revolution unvermindert anhält, ist es ein Jammer, daß Whisky-Freunde diesen Blend nicht zum Maßstab nehmen. Sonst würden sie feststellen, daß nur sehr wenige Malts es mit ihm aufnehmen können, was die Komplexität betrifft: vielleicht nur Ardbeg und Springbank. Aber selbst sie werden von dem Rundum-Charisma dieses Whiskys in den Schatten gestellt. Hier haben wir es mit dem Savoy, dem Everest der De-Luxe-Whiskys zu tun. Es gibt wohl keinen Blendmeister außerhalb von UDV, der nicht seinen rechten Arm für die Rezeptur dieses herrlichen Whiskys geben würde. Das Problem ist nur: Selbst wenn er das Rezept hätte, müßte er noch die Zutaten ausfindig machen. Wahrscheinlich repräsentiert dieser Blend das beste Preis-Leistungs-Verhältnis unter allen Whiskys der Welt. Und trotz all der übrigen hochwertigen Johnnie-Walker-Marken gibt es nichts, was diesem Blend wirklich gleichkommt.

JOHNNIE WALKER GOLD LABEL

Über den Blend

Dieser Whisky sollte leichter sein als der Johnnie Walker Black, aber trotzdem die Honigtöne voll zur Geltung bringen. Um dies zu erreichen, hat man dem Clynelish und dem Royal Lochnagar die Hauptrollen zugewiesen. Der Talisker sorgt für die nötige Basis und der unvergleichliche Grain von Cambus für eine weiche Einbettung.

DUFT Herrliches Honigaroma, jedoch ohne die schwere Torf- und Fruchtnote des Johnnie Walker Black. Der Grain tritt deutlicher, jedoch völlig klar und konzentriert hervor. Ein sehr leicht verständlicher Duft.

GESCHMACK Der Auftritt am Gaumen ist wesentlich würziger und süßer. Die Gerstenzuckersüße verbindet sich mit einer malzigen Schärfe und dann mit einigen flacheren Malznoten vermutlich eines alten Speysiders.

ABGANG Der Abgang ist lang mit neuerlichen Gewürznoten und weiteren Honig- und Vanille-Anklängen. Einige späte ölige Noten erzeugen einen leichten Bourbon-Eichenton und eine Kernigkeit von gemälztem Maisschrot.

ANMERKUNG Dieser Whisky gehört zu den honigtönigsten schottischen Blends überhaupt. Er hat eine gute Malzkomplexität und etliche eindrucksvolle Grain-Merkmale. Obwohl zunächst leicht und torffrei, ist er durchaus mit einem vollen Körper ausgestattet.

JOHNNIE WALKER BLUE LABEL

Über den Blend

Für einen Blend ist es ungewöhnlich, das Islay-Element in den Vordergrund zu stellen, doch hier spielt der Caol Ila eine entscheidende Rolle und wird noch kräftig durch die komplexe Malzigkeit des Royal Lochnagar und die reife Fruchtigkeit des Mortlach unterstützt. Selbst ein Schuß des längst nicht mehr hergestellten Auchtertool – Jahrgang 1927 – aus den Lowlands kommt hinzu.

DUFT Tiefer, aber altersgereifter Torf, ein Spritzer Sherry, dickes Malz und etwas reines Grain tragen dazu bei, die Intensität ein wenig zu verdünnen.

GESCHMACK Üppige Süße und große Intensität. Explosion diverser reifer, saftiger Früchte, darunter überreife Feigen, Pflaumen, Äpfel und Sultaninen.

ABGANG Großer Mousse-au-Chocolat-Durchschwung, außerdem eine anhaltende Malznote, Anklänge an einen sehr alten Dundee Cake und zum Ausgleich ein paar Mandelsplitter.

ANMERKUNG Als dieser Tropfen herauskam, fand ich ihn zunächst äußerst enttäuschend. Die Grains erschienen mir reichlich dominant, und von einem Gleichgewicht konnte kaum die Rede sein. Seither wirkt der Blend mit jeder neuen Abfüllung schwerer und fruchtiger. Stilistisch erinnert er an den Johnnie Walker Black, nur daß das Honigelement nicht so ausgeprägt ist.

JOHNNIE WALKER PREMIER

Sherry und Rauch bestimmen den Duft, aber auch das Aroma sehr alten Cognacs spielt mit hinein. Außerdem reichlich zum Teil salzige Eichentöne und Sherrynoten während des festen süßen Abgangs. Wieder eine andere Struktur als alle anderen Johnnie-Walker-Whiskys, und die große salzig-malzige Note ist absolut brillant. Vielleicht gleichrangig mit dem Johnnie Walker Blue, wenn auch nicht so integriert wie der JW Black.

JOHNNIE WALKER SWING

Das Aroma ist überraschend dunstig und entfaltet in der Nase einen grainigen Alkoholbiß. Dieser mit leichten bis grasigen Speyside-Themen anrückende Whisky überrumpelt den ahnungslosen Gaumen mit einer mächtigen Attacke. Enormer Gewürzstoß, gefolgt von großer Toffee-Apfel-Süße. Wieder anders als die übrigen Walker-Blends und etwas weniger gut kontrolliert. Trotzdem ein verdammt guter Schluck.

LANGS

Die beiden Brüder Alexander und Gavin Lang stiegen 1861 ins Whisky-Geschäft ein, als die Händler eben grünes Licht bekommen hatten, Malt Whisky mit Grain zu mischen. Das war ein optimaler Zeitpunkt für ihr Unternehmen, das von Anfang an erfolgreich war. Schon 1876 standen die Brüder finanziell auf so sicheren Beinen, daß sie die wunderschöne *Burnfoot Distillery* erwerben konnten. Sie erhielt ihren ursprünglichen Namen *Glengoyne* zurück, und ihr Malt ist bis jetzt das Herz des Blends geblieben. Erst nachdem die Firma ihr 100jähriges Jubiläum gefeiert hatte, wurde Lang Bros. von den berühmten alten Blendern und Brennern *Robertson & Baxter* übernommen, die noch heute Eigentümer sind, obwohl sie wiederum zu Highland Distilleries gehören.

LANGS SUPREME

Über den Blend

Der Maltanteil beträgt bis 40 Prozent, wobei Glengoyne wesentlich zum runden, sauberen Charakter beiträgt.

DUFT Einer der fruchtigsten, die man finden kann: gewürfelte grüne Äpfel, Kumquats und Trauben. Dazu eine grasige Note, die auch Hintergrund der Malts ist und sich bis in den Grain zu erstrecken scheint. Großartig.

GESCHMACK Trockener und schärfer, als der Duft vermuten läßt, mit sehr festem, appetitanregendem Grain-Anklang. Der Malt bleibt sauber und deutlich mit einer leichten Toffee-Apfel-Note.

ABGANG Mittellang, noch mehr Toffee, mit einer angenehmen leichten Würze und Anklängen an Vanille.

ANMERKUNG Einen so sauberen und ehrlichen Blend wird man selten wiederfinden. Der Duft ist einer der besten mit ungezählten Fruchtanklängen, doch obwohl sich diese Fruchtigkeit nicht gänzlich am Gaumen entfaltet, ist alles köstlich frisch mit dem optimalen Wechselspiel zwischen Malt und Grain. Erstklassiger Blend.

LANGS SELECT AGED 12 YEARS

Bei weitem nicht so anregend und belebend wie der Supreme mit dem ausgeprägten Sherry-Duft. Am Gaumen macht sich überall die markentypische Sauberkeit bemerkbar, obwohl sich etwa in der Mitte eine Sahnetoffee-Nuß-Kernigkeit entwickelt. Sehr viel sachlicher als der Supreme und für mich nicht ganz so interessant, auch wenn der Aufbau von Würze beim Abgang (mit einer Spur von Sellerie!) äußerst attraktiv ist.

AULD LANG SYNE

Ein Blend, um das neue Jahr mit einem Wortspiel (lang – Lang) zu feiern. Als Blend eher durchschnittlich ohne den abgerundeten Körper und die unfehlbare Qualität des Supreme; er hat einen guten frühen Grain-Biß, verliert sich aber in einem zu süßen, etwas richtungslosen Mittelteil und Abgang. Sein einzig berechtigter Anspruch auf Ruhm beruhte darauf, daß beim Öffnen des Kartons »Auld Lang Syne« gespielt werden sollte. Manch einer aber stellte verwundert fest, daß er statt einer Wiedergabe von Robert Burns' Klassiker »Home, Home on the Range« zu hören bekam.

LOCH FYNE

Bis 1993 besaßen Richard Joynson und seine Frau Lyndsay eine Lachszucht. Dann kauften sie an der schottischen Westküste in dem hübschen alten Dorf Inverary, dessen Horizont von dem imposanten Inverary Castle beherrscht wird, ein Geschäft und gehören inzwischen zu den größten Whisky-Enthusiasten Schottlands. Sie verwandelten ihren Laden in eine Art Heiligtum für Whisky-Liebhaber, wo sie alles verkaufen, was irgendwie mit dem Thema zu tun hat, angefangen bei einem selbstveröffentlichten Whisky-Infobrief. Seit 1996 vertreiben sie sogar ihren eigenen Blend. Einen Single Malt zu produzieren ist für kleine unabhängige Whisky-Verkaufsstellen nichts Außergewöhnliches, einen Blend auf den Markt zu bringen dagegen schon. Loch-Fyne-Whisky wird in kleinen Mengen auch in den lokalen Bars verkauft, der Großteil dagegen in dem exquisiten Loch-Fyne-Whisky-Shop. Zum Glück für all jene, denen der Weg dorthin zu weit ist, gibt es einen Versandhandel.

Über den Blend

Dieser Whisky wurde von Ronnie Martin, dem Hersteller des Inverarity Blend, hergestellt und ist weit beachtlicher, als man es von einem Einzelhandelsproduzenten erwartet. Es werden zwanzig verschiedene Malts verwendet – enorm viel für ein in kleinen Mengen verkauftes Produkt – und drei Grains. Top-Malt ist ein 14jähriger Aultmore, die anderen dagegen sind um die 6 Jahre alt.

DUFT Sehr lebhaft und gut ausbalanciert. Dazu eine rauchige, torfige Note, die daran erinnert, daß viel Malt enthalten ist, der Grain dagegen ist leicht und spritzig. Charaktervoll mit einer interessanten Würze.

GESCHMACK Der Grain gelangt eher zu den Geschmacksknospen als der Malt und sorgt für einen scharfen Start. Die Rauchtöne aber lassen nicht lange auf sich warten und besänftigten und versüßen das Ganze ein wenig. Wie beim Duft geht es in der Mitte sehr lebhaft zu – Torf- und Gewürznoten brin-

Loch Fyne – Inspiration für einen neuen Blend von Inverary.

gen die Geschmacksknospen zum Tanzen. Hinzu kommt eine eindrucksvolle Woge von flüchtigen Speysiders, um den Malt, sobald er am Gaumen eintrifft, hervorzuheben.

ABGANG Ein kräftiger Vanille-Schub, gefolgt von Eichen- und Torfnoten sowie einer Nuance von Karamel. Sehr lang mit süßlichen Toffee-Mandel-Anklängen zum Ende hin.

ANMERKUNG Kein schüchternes Pflänzchen, eher eines, das zu den kräftigeren Blends tendiert. Nicht für J&B-Trinker, aber der Beweis dafür, daß der vorsichtige Gebrauch von Torf einem Whisky enormen Charakter und Auftrieb geben kann. Ausgewogen. Gut zu trinken.

LOCH RANZA

Am 25. Juli 1998 wurde der *spirit* der *Isle of Arran Distillery* mündig. Prächtig gelegen in einem natürlichen Amphitheater, auf drei Seiten von Bergen umgeben und nur eine Meile vom Meer entfernt, begann die Destillerie am 29. Juni 1995 mit ihrer Produktion. Das Destillat wurde am 25. Juli desselben Jahres in Fässer gefüllt. Nach genau drei Jahren im Faß wird es zu Scotch. Und so war es an diesem Tag im Juli zum ersten Mal zum *Blending* verfügbar.

Um die Destillerie überhaupt errichten zu können, machte sich Gründervater Harold Currie, Exmanager von Seagram, an das ehrgeizige Vorhaben, Anteilsscheine gegen Bargeld zu verkaufen. Der Plan funktionierte: Investoren werden in regelmäßigen Abständen gereifte Whiskys beziehen. Um an zusätzliches Geld zu kommen, während das Destillat in den Fässern reift, machte Currie die Brennerei zu einer Touristenattraktion. Da es die einzige Destillerie auf der Insel ist, kommen die Besucher zu Tausenden. Solange sie ihnen aber keinen eigenen Single Malt verkaufen konnte, tat sie sich mit *Invergordon Distillers* zusammen, um eine Auswahl an Blends verschiedener Preisklassen herzustellen. Von Juli 1998 an sollte der eigene Malt Isle of Arran den Blends zunächst ohne, dann mit Altersbezeichnung beigegeben werden. So wurde Loch Ranza der erste Blend mit Whisky von Schottlands eindrucksvollster und zerklüftetster Insel.

Über den Blend

Von Invergordon ursprünglich als mindestens 5 Jahre alter Blend produziert. Die Qualität des Isle of Arran Whiskys ist jedoch so hoch, daß er sofort dem Loch Ranza beigefügt wurde. Inzwischen zählen zu den zwanzig Malts auch Tamnavulin und Auchroisk; der Grain ist vorwiegend Invergordon, aber auch ein wenig Cambus.

DUFT Malzig (aber nicht mehr so grasig wie zu Anfang) und mit Durchsetzungsvermögen gegen den nachgiebigen Grain. Leichte Rauchnoten und die Karamel-Süße von Invergordon-Grain.

GESCHMACK Üppig-reicher Start, wobei der Malt Anklänge an Toffee und eine köstlich buttrige Seidigkeit hinzufügt. Wunderbar ausbalanciert, komplex, aber nicht übertrieben; trotzdem ist seine Qualität unbestreitbar.

ABGANG Vielleicht der Höhepunkt des ganzen Whiskys. Erstaunlich lang, mit Tonnen von Malt und Karamel-Grain, so sanft und sinnlich, wie man sich's nur erträumen kann.

ANMERKUNG Ich habe eine Schwäche für diesen Whisky, da ich selbst an der Zusammenstellung beteiligt war. Für einen jungen Blend ist er geradezu balsamisch: kernig und malzig, doch mit diesem Anflug von Süße, die mit dem späten Eichenfinale zusammenklingt. Nicht so würzig wie früher, aber sehr stimmungsvoll.

GLEN ROSA

Viel jünger an Nase und Gaumen mit starker Grain-Dominanz. Zu Anfang sowie gegen Ende sauberer Malt, doch insgesamt nicht mit Loch Ranza zu vergleichen.

LONG JOHN

Dieser Blend gehört jetzt zu *Allied Domecq,* mußte aber, um dorthin zu gelangen, einen langen Weg zurücklegen. Long John war der legendäre Highlander, der die *Destillerie Ben Nevis* (*siehe* Dew of Ben Nevis) gründete, doch der Markenname wurde 1911 von dem Londoner Wein- und Spirituosenhändler W. H. Chaplin gekauft. Seine Firma wurde wiederum 1936 von der alten Gin Company *Seagar Evans* erworben. Die hatte bereits in Glasgow die *Strathclyde Grain Distillery* – hauptsächlich zur Ginproduktion – errichtet, dabei aber schon mit der Whiskyherstellung

Die Tormore Distillery *in Speyside wurde in den späten fünfziger Jahren von Seagar Evans errichtet, um Grains für den Long John zu liefern.*

geliebäugelt, wozu sich jetzt mit dem Long John die Gelegenheit bot. Seagar Evans kaufte sogleich die leider nicht mehr existierende *Glenugie Distillery* in Peterhead zur Malt-Produktion und errichtete in den späten Fünfzigern die Brennerei *Tormore* und innerhalb des Strathclyde-Komplexes die Destillerie *Kinclath*. Seagar Evans wurde Teil der *Whitbread*-Gruppe und kaufte 1981 die Ben Nevis Distillery, wo Name und Marke ihren Ursprung hatten. Die Verbindung war nur von kurzer Dauer, da die Destillerie 1989 von Nikka aufgekauft wurde.

ÜBER DEN BLEND

Laphroaig ist der dominierende der 48 Malts, aber auch Highland Park spielt eine nicht unwesentliche Rolle, Allied Domecqs eigener Orkney-Malt Scapa ist jedoch nicht mit von der Partie.

Strathclyde hält seinen traditionellen Platz als Senior-Grain, doch drei weitere kommen dazu, um das Ganze ein wenig auszubalancieren.

DUFT Robust, sinnlich, rund; eine verführerische Mischung aus süßem Honig, leichtem Torf, Anklängen an grünen Apfel und gerösteten Grain. Vorzüglich.

GESCHMACK Sultaninen-Süße und mäßiger Malt. Nicht zu vergleichen mit dem Duft.

ABGANG Dünn und kurz mit einem eher groben, uneleganten Grain und einer metallischen Unempfindlichkeit, die insgesamt nicht eben für ein umwerfendes Finale sorgen. Für mich kein Genuß, läßt mich sofort nach einem Teachers' lechzen.

ANMERKUNG Es ist höchst bedauerlich, daß der Geschmack nicht im entfernten an den Duft herankommt. Vor allem der Abgang ist dürftig, wobei der Strathclyde-Grain einfach zu dominant ist. Selbst die späten Malt-Nuancen sind extrem ruppig und unnachgiebig. Allerdings ist das noch hundertmal besser als in den Tagen von Long John und Whitbread – ein Glas von ihrem Gebräu hätte wohl ausgereicht, um einen bis ans Ende seiner Tage vom Whisky abzubringen. Unter der Schirmherrschaft von Allied hat sich Long John bis zur Unkenntlichkeit verbessert. Aber eben immer noch nicht genug.

MACLEOD'S ISLE OF SKYE

Die kleine, aber rührige und hochgeschätzte Firma mit Sitz in Broxburn, nahe Edingburgh, gleich um die Ecke von Glenmorangie, kann auf eine mehr als hundertjährige Geschichte zurückblicken und wurde von Ian MacLeod auf der Insel Skye gegründet. Der derzeitige Eigentümer ist Peter Russell, ein Whisky- Broker, der MacLeod 1963 erwarb. Seither wird besonderer Wert auf den torfigen Insel-Stil gelegt, was der Marke bestens bekommt. Inzwischen wird auch privat geblendet und abgefüllt, vor allem für Sainsbury's und Praba na Linne, Eigentümer von Te Bheag.

MACLEOD'S ISLE OF SKYE BLENDED SCOTCH

Weniger rauchig im Geruch und mehr vom Grain beherrscht. Geschmacklich ebenso üppig wie der 8jährige, aber etwas zu süß und daher nur begrenzte Aromaentfaltung. Ausgezeichnete Grain-Ausprägung und angenehm trocken. Wie köstlich er auch sein mag – an den noblen 8jährigen kommt er nicht heran. Verwirrend ist, daß der Whisky auf dem hinteren Etikett als Isle of Skye Superior Blended bezeichnet wird, nicht aber auf dem vorderen.

MACLEOD'S ISLE OF SKYE AGED 8 YEARS

Über den Blend

In diesem Blend ist ein gesunder Maltanteil von 40 Prozent, darunter der noble Lagavulin, der für den typischen Islay-Charakter sorgt, dessen Wucht die phenolische Würze des Skye Single Malt Talisker ein wenig dämpft. Diese beiden Malts sind bei weitem die wichtigsten für den Blend, die mit dem North British Grain einen eindrucksvollen Rahmen bilden.

DUFT Verblüffend vielseitig. Tiefe torfige Töne steigen aus dem Glas, wie der Geruch aus einem Tümpel. Doch es steckt sehr viel mehr dahinter: Die Grains vermischen sich auf köstliche Weise mit den Eiche- und Vanillenoten und etwas undefinierbar Malzigem und sogar leicht Honigtönigem. Der Stoff, aus dem die Träume sind.

GESCHMACK Zunächst süß und bemerkenswert viskos. Das scheint an der allgegenwärtigen Torfnote zu liegen. Hinzu kommt die intensive Malzwürze. Wuchtig.

ABGANG Das Cremige scheint über Stunden nachzuklingen. Bleibt süß, würzig, kernig und am Ende leicht nussig, wozu sich Eiche gesellt.

ANMERKUNG Vor etwa zwei Jahren mixte ich in einem Labor zum Spaß an einem Blend herum, nachdem ich gerade einen sehr leichten für den amerikanischen Markt zusammenge-

Die geheimnisvolle Bergkette der Isle of Skye bildet einen dramatischen Hintergrund für die unvergleichliche Talisker Distillery.

stellt hatte. Ich wollte etwas, an dem man so lange kauen kann, bis einem der Unterkiefer runterfällt. Es gelang mir (ich habe die Rezeptur noch immer), und es erinnerte mich an einen gewissen Blend. Der hier war's. Ein Whisky für Messer und Gabel, mit großartig strukturiertem Körper.

MITCHELL'S 12-YEAR-OLD

Dies ist der Blend, der von der unvergleichlichen *Springbank Distillery* in Campbeltown produziert wird. Vor etwas mehr als einem Jahrhundert wurden in dieser kleinen Stadt am Fuß der Kintyre-Halbinsel etwa zweiundzwanzig Brennereien betrieben, so daß Campbeltown als die Welthauptstadt des Whiskys galt. Nur

zwei haben bis heute überlebt, Springbank und *Glen Scotia*, wobei letztere derzeit außer Betrieb ist. Springbank gilt unter Kennern, mich eingeschlossen, als der feinste Malt Whisky, den das schottische Festland zu bieten hat. Nur kleine Mengen werden jährlich davon hergestellt, und es ist einige Zeit her, daß Springbank ein Filling-Whisky für die großen schottischen Blender war, obwohl sie unlängst für Burn Stewart und *Arran Distillers* abgefüllt haben. Mitchells 12-year-old und *Campbeltown Loch* sind Springbank-Blends und deshalb die einzigen Blended Whiskies, die garantiert Springbanks außergewöhnlichen, komplexen salzigen Whisky enthalten.

Springbank ist die einzige Destillerie in Schottland, die das Mälzen für die gesamte Jahresproduktion in eigener Regie durchführt. Außerdem ist sie seit ihrer (legalen) Gründung durch die Mitchells im Jahre 1828 in der Hand derselben Familie geblieben; nach dieser Familie ist dieser 12jährige Blend auch benannt. Der derzeitige Eigentümer Hedley Wright ist der Ururenkel von Archibald Mitchell, der auf dem Gelände der Springbank Distillery illegal eine Brennerei errichtete. Und obwohl er sich mit seinem recht beachtlichen Putachieside für seine Cadenhead-Filiale als guter Blendmeister erwiesen hat, wurde dieser hier vom Brennerei-Manager Franc McHardy zusammengestellt, der viele Jahre lang für die Bushmill Blends an der gegenüberliegenden Küste der Irischen See verantwortlich zeichnete.

ÜBER DEN BLEND

1997 eingeführt mit einem Maltanteil von 60 Prozent. Der vorherrschende Malt ist Springbank, was sich im Charakter bemerkbar macht, vor allem wenn Sherryfässer benutzt wurden. Der gesamte verwendete Grain ist Invergordon, was vielleicht erklärt, weshalb der Springbank Malt so dominant ist. Der andere Malt stammt aus einem Vatting von Springbank, Speysiders, einschließlich Glenlivet, und einem winzigen Anteil Islay.

DUFT Unverwechselbar salziger Springbank springt einem aus dem Glas entgegen, mit der üblichen Fülle an Aromen, die aber, anders als bei dem Single Malt, von einem leicht bourbonartigen Grain gedämpft wird. Ein Anflug von Schwefel ist spürbar, der jedoch von einer limonenhaften Fruchtigkeit und einer Note frisch geschnittenen Grases in Grenzen gehalten wird.

GESCHMACK Enorm fruchtig mit einer Entwicklung hin zu öliger Süße. Sehr mundfüllend mit starker Maltpräsenz. Die Zunge sucht ständig den Gaumen, um zu entdecken, welche eichentönigen und salzigen Noten als nächstes kommen.

ABGANG Eichentönig mit Resten von Grain. Sehr ausgedehnt und ungeheuer befriedigend.

ANMERKUNG Ein großartiger Whisky. Ein absolutes Muß für alle Springbank-Liebhaber, von denen es Tausende gibt. Der Springbank dominiert, was wenig überrascht, wenn man die eigenwillige Natur dieses Monsters in Betracht zieht.

OLD SMUGGLER

Ein junger, außerordentlich leichter Blend aus dem Hause *Allied Domecq* mit starkem Grain-Charakter im Duft. Es sind auch die Grains, die sich als erstes auf den Geschmacksknospen bemerkbar machen, doch sie sind mild und wirken harmonisierend auf den Malt, der in sauberem Speyside-Stil daherkommt, gefolgt von karamelartiger Süße. Der Abgang ist vergleichsweise ein wenig zu sehr vom Grain beherrscht und trocken, sorgt aber für einen wirklich schmackhaften, wenn auch einfachen Blend. Die Bemerkung auf dem Rückenetikett, der Geschmack dieses Whiskys existiere seit 1835, gehört zum größten Unsinn, der je auf eine Whisky-Fla-

Springbank – *ein Begriff für jeden Connaisseur – ist eine der beiden Destillerien, die im Campbeltown-Gebiet überlebt haben, auch wenn die ältere, Glen Scotia, seit wenigen Jahren stillgelegt ist.*

sche geschrieben wurde. Schließlich gab es damals noch gar keine Blended Whiskies. Der Stoff, den die Schmuggler an den Mann brachten, ist Millionen Meilen von diesem Whisky entfernt. Genießen Sie ihn trotzdem.

THE ORIGINAL MACKINLAY

Eine der edelsten Namen aus der Blending-Schule von Leith. Der Gründer Charles Mackinlay begann 1815 als Weinhändler und stieg, wie andere in dieser rührigen Hafenstadt, kurz darauf auch ins Whisky-Geschäft ein. Der Name Mackinlay wie auch die Qualität der Whiskys wurde bald zu einem der berühmtesten in Whisky-Kreisen. Ein Grund waren die engen Familienbande, die dafür sorgten, daß die straff geführte Firma über fünf Generationen vom Vater auf den Sohn übertragen wurde, bis sich Donald

Mackinlay schließlich 1992 aus dem Geschäft zurückzog. Jeder Mackinlay wurde als eigenständiger Blender betrachtet, und obgleich Andrew Usher wohl der erste war, der das diffizile Blending von Malt und Grain Whisky beherrschte, war ihm Charles' Sohn James dicht auf den Fersen. James war auch am Bau der jetzt abgerissenen *Glen Mhor Distillery* in Inverness beteiligt; eine andere Destillerie in Inverness, die zeitweise von Mackinlay kontrolliert wurde, war *Glen Albyn.* 1961 verlor die Firma ihre Unabhängigkeit, wurde von *Scottish and Newcastle Breweries* übernommen und ist jetzt bei *Whyte & Mackay's* Invergordon, während die Blending-Rechte bei Norman Mathison liegen.

ÜBER DEN BLEND

Mit seinem Maltanteil von 35 Prozent recht kräftig für einen äußerlich leichten Blend. Unter den siebenundzwanzig Whiskies, aus denen sich dieser bewährte Klassiker zusammensetzt, sind sechs Grains, eine ungewöhnlich hohe Zahl. Tamnavulin sorgt für die volle Malt-Textur, typisch für Speyside. Unter den Grains harmonisiert die Leichtigkeit des Invergordon mit dem lebhafteren North British. Bezeichnenderweise befindet sich kein einziger torfiger Islay in der Rezeptur, dafür aber gibt der rauchige, zu Unrecht völlig unterbewertete Ardmore etwas mehr Gewicht.

DUFT Ein elegantes, komplexes, bittersüßes Aroma mit einer angenehmen Mischung aus üppigen Malts und etwas Jüngerem. Trotz gewisser Anklänge an Ingwer und einer minimalen Rauchnote hebt der Grain den Stil und sorgt für eine angenehme Leichtigkeit. Ein sehr zufriedenstellendes Aroma: ein klassischer Blend mit leichtem bis mittelschwerem Körper.

GESCHMACK So komplex wie der Duft ist auch der Geschmack. Dabei spielen die Grains eine tragende Rolle; sie sind nie hart, aber doch bisweilen kraftvoll, und helfen, den sehr sauberen, grasigen Malt, der das Rückgrat dieses Blends ist, zu intensivieren, ohne die extrem reiche, süße und leicht zähflüssige Textur zu verwässern. Anklänge an Zitrone fügen eine köstliche Fruchtigkeit hinzu, gefolgt von einem Hauch Kakao. Beim Schlucken stellt sich ein großartiger Biß ein, was mich an dieser Art von Blend immer so reizt.

ABGANG Das Vanille-Kakao-Thema geht in ein köstliches würzig-warmes Crescendo über.

ANMERKUNG Von Ende der siebziger bis Mitte der achtziger Jahre war dies mein üblicher Blend: Eine Flasche oder drei waren immer bei mir zu Hause zu finden, während die zwei Dutzend anderen wechselten. Vom Stil her liegt er zwischen J&B und Teacher's. Die Grains sind vom Charakter her milder als noch vor einem oder zwei Jahrzehnten, und ich denke, ich ziehe die älteren Rezepturen vor, was immer es auch war, was da unter der Führung von Donald Mackinlay zusammengebraut wurde. Ich hatte die schlimmsten Befürchtungen, als der Blend übernommen wurde – nicht aus mangelndem Vertrauen in Invergordon, sondern aus Angst, die Rezeptur könnte leicht abgewandelt werden, um die eigenen bevorzugten Grains und Malts einzuschließen. Die Pille, die es zu schlucken galt, war eine angenehme: Es gibt zwar feine Unterschiede, im wesentlichen aber ist der Stil des Original Mackinlay beibehalten worden. Vielleicht ist er etwas fetter und eine Nuance sußer. Aber selbst bei einer Blindverkostung hielt ich ihn für einen weit überdurchschnittlichen Blend mit bestem Invergordon und einem Tribut an Norman Mathison. Gehört bis heute zu den Top-Blends.

MACKINLAY'S 12-YEAR-OLD

Herrlicher Duft, ähnlich wie frisch geröstetes Malz. Anklänge an Sherry und gekochte ungezuckerte Kirschen. Fester Start am Gaumen mit starkem Grain, der die süßliche Malznote ergänzt und zunehmend würziger wird. Großartig ausgewogen. Ein kleines Juwel.

MACKINLAY'S 21-YEARS-OLD

Sehr viel mehr Sherry, Frucht und Eiche im Aroma. Vielleicht ein Hauch zu eichentönig trotz einer ansprechenden bourbon-ähnlichen Süße. Anfangs trocken mit starkem Eichenaroma, das verfliegt, wenn sich Sherry- und öligere Malztöne durchsetzen mit etwas süßem Grain und Würze. Angenehm, aber für mich nicht zu vergleichen mit der geradezu göttlichen Standardversion.

PASSPORT

Dieser Whisky wurde in den Sechzigern von dem legendären Blendmeister Jimmy Lang von Seagram kreiert, als Ergänzung zu den Speyside-Malts der Firma und um sich dem Gaumen der Liebhaber leichterer und frischerer Whiskys anzupassen. Seagram's verkauft ihn allein zum Export und fürs Duty-free-Geschäft, wo er verdienten Erfolg genießt und mit 2 Millionen Kisten im Jahr zu den zehn meistverkauften Scotch-Marken gehört.

Über den Blend

Seagram besitzt mehrere der großen Speyside-Destillerien, wie *Longmorn, Glen Grant* und die völlig unterbewertete *Braeval.* Tatsächlich sind alle schottischen Destillerien Seagrams in Speyside angesiedelt, was sich in diesem Blend deutlich zeigt.

DUFT Zunächst etwas vom Grain beherrscht, von einer sanften Vanille-Brise durchweht. Die Malts brauchen Zeit, um sich durchzusetzen, wenn es aber soweit ist, kommt der Speyside-Charakter deutlich zur Geltung. Sehr leicht und schlicht.

GESCHMACK Exzellenter früher Grain, der sich mit ein paar hohen Speyside-Noten verbindet. Grasig, doch irgendwer muß den Blend mit dem Rasenmäher attackiert haben, denn er ist nicht so grasig wie einst. Ein paar sehr leichte und sogar kernig-malzige Noten kommen in der Mitte auf, und es entwickelt sich ein leichter Anflug von Rauch (wenn auch nicht von Torf).

Die Glen Keith Distillery *in Speyside ist eine relativ junge Brennerei; sie entstand 1958 aus einer umgebauten Getreidemühle.*

ABGANG Trocken und malzig, wenn auch mit einem Anflug von Rosine und geraspelter Schokolade.

ANMERKUNG Dieser Whisky ist nicht ganz so grasig und geschmackvoll wie früher. Die Malts scheinen flacher als noch vor wenigen Jahren, als Passport einer der schmackhaftesten Blends war. Wenn man sich aber an seinen neuen, etwas gedämpfteren Stil gewöhnt hat, bleibt es ein köstlicher Blend und bei weitem der beste unter den Seagram-Standardmarken.

ROB ROY

Dieser Blend ist nach dem legendären Gesetzlosen Rob Roy Macgregor benannt und geht auf das Jahr 1913 zurück. Er wurde von Morrison Bowmore neu herausgebracht und ist in Großbritannien, außer auf Islay, unglaublich schwer zu finden. Kurioserweise verkauft er sich weit besser in Südamerika und Asien, wo kaum jemand eine Ahnung haben wird, wer Rob Roy gewesen ist.

ÜBER DEN BLEND

Extrem hoher Maltgehalt von 60 Prozent, wobei der Blendmeister alle drei Malts der Firma benutzt: Bowmore, Glengarioch und Auchentoshan.

DUFT Süß mit einem Anflug von Lavendel und einer Spur von Torf. Ein würziges Prickeln in der Nase deutet auf einige der leichteren Grains hin. Dazu kommt eine ölig-salzige Note, die an grüne Oliven erinnert.

GESCHMACK Reich strukturiert und ölig. Haftet süß am Gaumen mit einer köstlichen, überraschend intensiven malzigen Note. Man entdeckt auch etwas Fruchtiges, ohne sagen zu können wovon, so vollmundig ist er. Den Malt kann man fast kauen, wobei er eine Note von Toffee, Vanille, Torf und frisch gemahlenem schwarzem Pfeffer entfaltet.

ABGANG Trocken mit viel Vanille und einem fernen Echo von Torf und Karamel.

ANMERKUNG Ein recht gehaltvoller Whisky mit enormer Tiefe. Der Grain scheint in angemessener Entfernung zu bleiben, so daß sich der Malt prächtig entfalten kann. Ein wunderbarer Whisky, den man von Zeit zu Zeit genießen kann und der mich über die Jahre hinweg nie enttäuscht hat.

ROYAL HOUSEHOLD

Schade, daß man diesen Whisky, der ein wundervolles Stück schottischer Geschichte in sich trägt, heutzutage nur in Japan findet. Kurz nach dem Ende des Ersten Weltkrieges waren verschiedene Blendmeister aufgerufen, einen Blend für einen königlichen Haushalt zu kreieren. Der siegreiche Blend war von James Buchanan eingereicht worden. Es war aber keine neue Rezeptur, die diesen Wettbewerb gewann, sondern ein schon sehr altes Rezept für einen Blend, der nur in wenigen, oftmals versteckt liegenden Gegenden Schottlands bekannt war. Einer dieser Außenposten war das Rodel Hotel auf der äußeren Hebrideninsel Harris.

Buchanan versprach, diesen Blend weiter an sie und an den königlichen Haushalt zu liefern, eine Tradition, die noch lange Bestand hatte.

Heute findet man diesen Blend weder in den königlichen Häusern Schottlands und Englands noch im Rodel Hotel auf Harris. Das Hotel wurde vor Jahren geschlossen, obwohl es noch immer im Besitz von Donny MacDonald, dem Enkel von Jock MacCullan, ist, der noch lange die Lieferung einer der exklusivsten Marken gewährleistete. Die Rodel Bar bleibt geöffnet, und Donny sagt mir mit einem Hauch von Wehmut, daß er oft nach Royal Household gefragt wird und seine Kunden enttäuschen muß. Sein doppelter Wunsch ist, das Hotel wieder zu eröffnen und von United Distillers and Vintners alljährlich ein paar Kisten geschickt zu bekommen. Wenn Sie inzwischen diesen Blend kosten wollen, müssen Sie auf eine andere Inselgruppe reisen – die japanische.

Über den Blend

Wie in allen Buchanan Blends ist das Herz der klassische Dalwhinnie-Malt aus den Highlands mit seinen Anklängen an Heidehonig. Etwas Talisker bringt Würze in den Blend, und der reichstrukturierte Glendullen sorgt für ein erhebendes Speyside-Gefühl. Vielleicht aber ist es vor allem das Gleichgewicht von Malt und Grain, das diesen Whisky so ausgewogen und vollmundig im Geschmack macht.

DUFT Ein Ausbruch von Blumen- und Grasaromen, dazu ein Anflug von Torf und unterschwellige Töne von schwarzem Pfeffer sowie ein sauberer Grain. Eine extrem lebhafte Nase.

GESCHMACK Typische Speyside-Malts am Gaumen mit einer angenehmen Anordnung von scharfen, fruchtigen Tönen und köstlichem, leicht mürbem Grain. All das ist äußerst geschickt verwoben.

ABGANG Sehr leicht, wobei der Grain kräftige Vanille-Töne und einen Hauch von Karamel einbringt.

ANMERKUNG Ein schöner, raffinierter Blend. Vielleicht nicht ganz so köstlich und komplex wie noch vor vier oder fünf Jahren, aber trotzdem ein exzellenter Whisky.

ROYAL SALUTE

Dieser Blend wurde 1953 von Seagram zur Krönung von Queen Elizabeth II. herausgebracht. In den frühen Neunzigern gab es auch einen 40jährigen, einen der feinsten, komplexesten reifen Blends, die mir je begegnet sind, mit einer Hintergrundsüße von »Turkish Delight«. Leider gab es nicht genügend Vorräte, um die Marke am Leben zu erhalten.

ROYAL SALUTE 21-YEAR-OLD

DUFT Der Duft eines Whiskys kann kaum seidiger umhüllt daherkommen als dieser. Und doch haben wir es mit einem starken Charakter zu tun, weshalb es sich nicht um eine eindimensionale Süße handelt. Sehr milde Sherry-Anklänge verbinden sich mit salzigen Eichennoten. Eine erstaunliche Nase, großartig ausbalanciert.

GESCHMACK Ein üppiger Malzcharakter mit pfeffrigen Sherrytönen, leicht salzigen, nussigen Sonnenblumenkernen und weichen öligen Akzenten. Hinter dem salzigen Eichenholz verbirgt sich die Süße von »Turkish Delight« und Rosenblüten, die an die Oberfläche steigt.

ABGANG Mittellang bis lang mit einer Entfaltung von trockener Eiche. Sherry kommt dazu und Gewürz, doch der Endkampf wird von milden Malz- und trockenen Eichentönen ausgetragen.

ANMERKUNG Ein durch und durch exzellenter Whisky von starkem Charakter. Der Duft ist umwerfend, die Ausgewogenheit verblüffend, wobei die trockenen Eichentöne stets von einer anhaltenden malzigen Süße in Schach gehalten werden. Ein Whisky für den Kenner, der sich Zeit zu nehmen weiß.

SCOTTISH LEADER

Burn Stewart Blenders and Distillers geht schon auf die vierziger Jahre dieses Jahrhunderts zurück. Seit dem Management-Buy-Out durch leitende Angestellte der Branche aber hat man sich auf die Herstellung eigener Marken für Supermärkte und

Privatkunden konzentriert. Einer der Investoren, der Blendmeister Billy Walker, scheint die Qualität ihres wichtigsten Blends nicht übersehen zu haben – Scottish Leader (ein Blend, der schon seit vielen Jahren auf dem Markt ist), der auf dem europäischen Festland sehr viel mehr Aufmerksamkeit genießt als in Großbritannien. Um expandieren zu können, übernahmen sie 1990 zunächst die *Deanston Distillery* von Invergordon und drei Jahre später die Destillerie *Tobermory* auf Mull, die schon mehrmals stillgelegt worden war.

ÜBER DEN BLEND

Blendmeister Billy Walker schwört auf Aberfeldy und Caol Ila, die beide eine wesentliche, wenn auch gegensätzliche Rolle unter den Malts spielen. Der Caol Ila trägt außerdem zum gesetzten Charakter (er ist bis zu 8 Jahre alt), der Miltonduff zum Glanz bei. Die beiden führenden Grains sind Girvan und North British.

DUFT Ein starker, herausfordernder Duft, bei dem sich Torf und Gewürze zu einem interessanten Aroma mischen. Die Grains sind spürbar, aber unglaublich mild.

GESCHMACK Äußerst wuchtig und üppig. Auch hier steigt das würzige Element gleich zu Beginn zum Gaumen hoch, der Malt ist wunderbar dicht und kernig. Rasch ölig am Gaumen und malzig süß. Dazu ein Hauch von Karamel.

ABGANG Lang mit Anklängen an Lakritze und Gerstenzucker. Der Eichenton stellt sich erst später ein, bremst aber ein wenig die Komplexität.

ANMERKUNG Erstaunlicher Whisky für eine Marke, die sich im Regal mit Billigsorten herumschlagen muß. In so einem Fall läßt es der Blender aus Sicherheitsgründen meist an Charakter fehlen. Dieser Brand aber hat enorm viel Persönlichkeit. Ich biete ihn gern bei Partys an, um für Gesprächsstoff zu sorgen und bei meinen Gästen Eindruck zu schinden. Vereinzelte Flaschen können manchmal ein sonderbares Wacholderaroma haben. Trotzdem sollte dieser Whisky in keinem Haus fehlen.

SCOTTISH LEADER AGED OVER 15 YEARS

Süßer und weicher im Aroma, ohne Akzente von Grain. Zarte Eichentöne mit einem Anflug von weichem Cognac. Herrlich seidig und süß am Gaumen mit Anklängen an reife Reineclauden, Kirschen und köstliche Gewürze, die sich harmonisch verbinden. Beim Abgang geht die Komplexität nicht verloren, er klingt mit Mandeln und Eiche aus. Exzellent!

SCOTTISH LEADER AGED OVER 25 YEARS

Der Duft erinnert zuerst an sehr alten Cognac, durch den Grain aber jetzt mit Bourbon vermischt. Herrliche Anklänge an Mokka. Köstlich mit einem großen Auftritt von erstklassigen Speysiders und schmeichelnden Malztönen. Ein Cappuccino-Finale, wenn sich Würze und Eiche zu einem enorm langen Abgang vereinen. Ein Traum, denn wo andere in diesem Alter schon versagen, bleibt dieser Blend trotz aller Cognac- und Bourbonpräsenz bis zum Ende unmißverständlich ein Scotch.

STEWART'S CREAM OF THE BARLEY

Nicht viele Blending-Firmen, die sich bis ins späte 20. Jahrhundert gehalten haben, können ihre Wurzeln in ein Pub zurückverfolgen. Eine davon ist Stewart & Son, ehemals aus Dundee, die seit 1969 zu *Allied Domecq* gehört. Alexander Stewart machte sich schon 1831 einen Namen im Whisky-Geschäft, als er das Glengarry Inn in der Castle Street von Dundee betrieb. Erst vor wenigen Jahren zog die Firma nach Dumbarton, so daß Dundee jetzt nicht mehr als Whisky-Stadt gelten kann. Seltsamerweise war der Blend *Cream of the Barley,* bevor Allied Domecq ihn als Alltags-Whisky neu vermarktete, unter dem Namen *Century Hyatt Cream of the Barley* bekannt. Als *Stewart's* aber wurde er zum absoluten Bestseller in Irland.

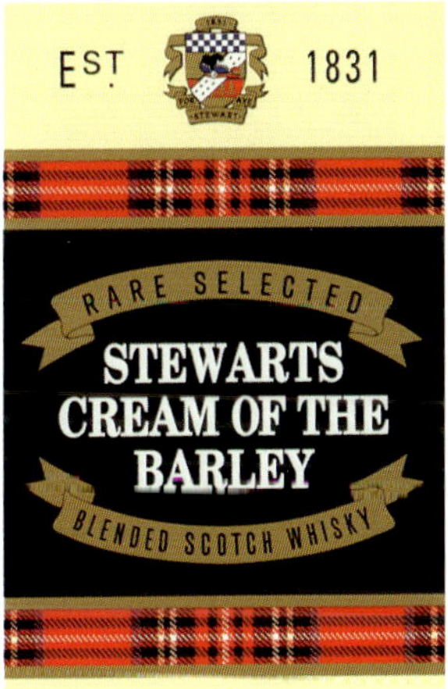

ÜBER DEN BLEND

Für einen preiswerten Whisky sind erstaunlich viele Malts darin zu finden – 50 an der Zahl. Irgendwo.

DUFT Nur begrenzte Entfaltung. Obwohl es ein leichter Whisky ist, hat er etwas Öliges und Intensives. Der etwas dürftige Charakter wird von den Grains bestimmt.

GESCHMACK Süß, fett, getreideölig mit einem Anflug von Vanille.

ABGANG Einfach, mild, leicht würzig.

ANMERKUNG Über Jahre hat mir dieser Whisky überhaupt nicht geschmeckt. Unlängst aber wurden seine Kanten abgerundet, und wo dieser Brand einst die Geschmacksknospen vergewaltigte, scheint er sie jetzt zu ignorieren. Er hat eine große Zahl an Anhängern, vor allem in Irland, wo er jetzt der Scotch Nummer eins ist. Für mich aber ist es ein nichtssagender Whisky, einer, der mir weder gut noch schlecht schmeckt. Als Blend ist er schrecklich enttäuschend.

TEACHER'S

Früher war Teacher's Whisky gleichbedeutend mit Glasgow, ähnlich wie die Slums von Gorbals, der Fluß Clyde und die Rivalität zwischen den Fußballclubs Celtic und Rangers. Heute jedoch sind die Gorbals saniert und rausgeputzt, der Clyde ist gezähmt, und die beiden Fußballmannschaften sind mit Spielern besetzt, die kaum noch schottische Namen tragen. Teacher's hingegen erwies sich als unfehlbarer und standhafter Verfechter schottischer Traditionen. Dieser Whisky ist so durch und durch schottisch wie kaum ein zweiter, was William Teacher, mit dem in den dreißiger Jahren des 19. Jahrhunderts alles begann, sicherlich gerne hören würde.

Es ist erfrischend zu erfahren, daß der junge William Teacher in der konservativen Welt des Scotch Whiskys gleichsam ein Rebell war. Während der zwanziger und dreißiger Jahre wurde ein Teil von Schottland, der sich zwischen Clyde und Forth erstreckte, von der Industrialisierung erfaßt. Mit ihrem feuchten Klima, das die Baumwollindustrie begünstigte, und ihren enormen Kohlevorkommen wurden die Central Lowlands zu einem bedeutenden Industriegebiet. William arbeitete zunächst in den

William Teacher kam auf die Idee, kleine Trinkstuben einzurichten, wo man Whisky trinken konnte – kein Bier oder irgendeine andere Spirituose als die seine, eben Teacher's, konnte hier gekauft werden. Diese dram shops *waren bis in die sechziger Jahre eine feste Institution in Glasgow.*

William Teacher, Begründer des nach ihm benannten famosen Blend, galt seinerzeit als Rebell in der eher konservativen Whisky-Branche.

Baumwollspinnereien, doch mit seinem ausgeprägten Gerechtigkeitssinn lehnte er sich gegen die erbärmlichen Arbeitsbedingungen auf und kletterte bei einer Gelegenheit sogar unter allgemeinem Applaus auf ein Fabrikdach, um eine Reformisten-Flagge zu hissen. Er konnte diese triste Welt verlassen, als er mit 23 Jahren in die MacDonald-Familie einheiratete, in der zwei Generationen vorher Flora MacDonald Bonnie Prince Charlie in Schutz genommen hatte.

Seine Schwiegereltern besaßen ein Lebensmittelgeschäft in Anderson, eine oder zwei Meilen vom Glasgower Zentrum entfernt. Als er dort seine Arbeit aufnahm, richtete er sein Augenmerk sogleich auf die Gewinnmöglichkeiten beim Verkauf von Whisky. Zunächst erwarb er eine Whisky-Lizenz für einen Teil des Ladenbereichs. Dann kam er auf die Idee, überall in Glasgow kleine *dram shops*, Trinkstuben, zu eröffnen, in denen man nur seinen Teacher's-Blend kaufen konnte – kein Bier, keinen Portwein oder irgendeinen anderen Alkohol. Diese *dram shops* wurden zu einer Institution in Glasgow, bis sie in den sechziger Jahren dieses Jahrhunderts ausstarben.

In dieser ganzen Zeit blieb die Firma in Händen der Teacher-Familie und ihrer nahen Verwandten, der Bergius', bis sie von *Allied Domecq* übernommen wurde. Das Ende der Unabhängigkeit kam mit dem Jahr 1976, als sich Teacher's im Bemühen um größere finanzielle Stabilität an die *Allied Breweries* wandte.

Damals erwarb Allied nicht nur eine Whisky-Marke, sondern dazu auch zwei Brennereien. Um die Produktion ihres neuen Blends zu sichern, hatte Teacher's nämlich 1899 die großartige *Ardmore Distillery* im Aberdeenshire errichtet und sehr viel später, 1960, die *Glendronach Distillery* gekauft. Am höchsten aber war der Name »Teacher's« bewertet. Das berühmte »Highland-Cream«-Etikett wird seit 1884 verwendet und ist völlig unverändert geblieben. Zusammen mit *Whyte & Mackay* hat sich das Teacher's-Etikett am längsten ohne wesentliche Veränderungen erhalten. Ersteres ist jetzt allerdings völlig neu aufpoliert worden. Allied, so wurde mir mit Nachdruck versichert, hat keine ähnlichen Pläne, Teacher's Image zu verändern. Und das sagt viel aus über diese äußerst beruhigend solide Bastion des Scotch Whiskys.

Über den Blend

Die Behauptung, ein Blend sei um so besser, je mehr Malt er enthält, ist falsch. Trotzdem schadet diesem speziellen Blend sein hoher Maltanteil von 45 Prozent ganz offensichtlich nicht, und noch weniger der Stil der Malts. Seit Gründung der Brennerei in Aberdeenshire spielt der schwere, torfige Ardmore eine tragende Rolle, die sich besonders beim Abgang hervortut. Auch der Glendronach trägt einen wichtigen Akzent bei, und von den vier Grains ist der North British der eindrucksvollste Außenseiter.

DUFT Schamlos reich und körpervoll. Die feine Süße vermag das intensivere Programm nicht zu übertönen. Der Grain ist durchweg deutlich spürbar, wird aber von kräftigem Torf und fruchtigem Malt in Schach gehalten. Eine betörende Mischung aus sinnlichen Ölen, Apfel, süßem Pfeifenrauch und einem abgenutzten, leicht polierten alten Chesterfield-Sessel. Einfach großartig.

GESCHMACK Entfaltet sich augenblicklich am Gaumen und überschwemmt die Geschmacksknospen mit intensiven Toffee-Akzenten, während der dünne, härtere Grain gegen den tiefen Torfrauch ankämpft. Durchweg phantastische Tiefe und wundervolle Bittersüße. Gelegentlich ledrig, immer kernig.

ABGANG Ausgedehnt; der Grain setzt sich fort mit eichentönigem, leicht markigem Alter und einem verräterischen Räucherherings-Finale mit Öl und Rauch.

ANMERKUNG Es gibt Menschen, die sich als Whisky-Kenner betrachten und bei geselligen Zusammenkünften nur Teacher's trinken. Ich kann verstehen, warum. Ich erinnere mich, wie ich zum ersten Mal mit der ungezügelten Vollmundigkeit dieses Whiskys in Berührung kam. Es war um 1980, als die ehemalige Miss-World-Organisatorin Julia Morley mir eine Flasche zu Weihnachten schenkte. Eine Liebesaffäre begann in diesem Jahr ... aber nicht mit einer Kandidatin. Ich hatte zwar tatsächlich einen Flirt mit einer Teilnehmerin, doch meine Liebe galt dem Whisky. Erstaunlicherweise hat er sich mit den Jahren noch verbessert. Bis heute bleibt dieser phänomenale Whisky einer der beständigsten und kraftvollsten Blends, die man sich gönnen kann.

TE BHEAG

Dies ist wahrscheinlich der erste für Schotten gemachte Scotch, und all diejenigen von uns, die außerhalb dieses Landes der vielen Berge und Schluchten geboren sind, platzen gern in die Party rein. Die Firma *Praban na Linne Ltd.* hat ihren Sitz auf der Isle of Skye und ist heute die einzige einheimische Whisky-Firma auf der Insel. Sie wurde 1976 von Sir Peter Noble gegründet, der unter anderem das Ziel verfolgte, etwas für die wirtschaftlich schwache Region an der Westküste zu tun, und der sehr um das gälische Erbe bemüht war. Te Bheag ist Gälisch und bedeutet »der Kleine«, Praban na Linne wiederum »das kleine Whisky-Zentrum am Sound of Sleat«. Der Blender ist Gordon Doctor von Ian Macleod, einer anderen unabhängigen schottischen Whisky-Firma. In meinen Augen verdient die Firma den Erfolg, den sie genießt, hat sie doch den Mut und das Gespür dafür, einen Scotch als »Connoisseurs Blend« herzustellen, der nicht kältefiltriert ist, wie von der Natur – und von den Schotten – ursprünglich beabsichtigt.

TE BHEAG CONNOISSEURS BLEND

Über den Blend

Ähnlich wie MacLeod's Isle of Skye, wenn auch mit einer Nuance weniger Torf. Der Maltanteil beträgt etwa 35 Prozent, wobei Lagavulin und Talisker den Ton angeben, leicht abgemildert durch die Speyside-Malts Tamdhu, Glenrothes und Glenfarclas, der für die Finesse sorgt. Der Grain Whisky ist der North British.

DUFT Zunächst salzig mit Biskuit-Tönen (Digestiv), dann aber, wenn der Whisky wärmer wird, eine ausgeprägte Frische von Zitrusfrüchten, abgemildert durch den Geruch von trocknenden Tabakblättern aus Kentucky. Extrem klarer Malt und ein guter, wenn auch leichter torfiger Hintergrund. Dazu leicht nussig.

GESCHMACK So schüchtern die Grains im Duft sind, so energisch treten sie hier gleich zu Anfang auf. Ein recht fester Körper mit langsamer Malzentfaltung. Fängt trocken an, doch die Süße steigt an, während die Komplexität zunimmt. Die Mitte ist sehr kurz und scharf mit wiederkehrendem Zitrusthema.

ABGANG Trockener, wenn der Grain den Malt verdrängt und eine pulvrige Kakaonote aufkommt. Langes Finale mit eindrucksvoller salziger Komplexität. Leichte Vanille- und Eichentöne sind spürbar.

ANMERKUNG Ein herausragender Whisky für all jene, die sich gern Gedanken machen über den Schluck, den sie trinken. Komplexität vom ersten Augenblick an bis zum letzten Glimmen des Abgangs. Auch wenn es gelegentlich den Anschein hat, als würde der Grain zu sehr die Oberhand gewinnen, schwingt das Pendel zurück zu den Malts. Leicht strukturiert, von mittelschwerem Körper, kräftig in Geschmack und Charakter. Ein recht außergewöhnlicher Blend von unglaublicher Komplexität.

TE BHEAG

In keiner Weise zu vergleichen. Süßer im Duft und bei der ersten Berührung mit den Geschmacksknospen, dabei ganz ohne diese hohen kitzelnden Zitrustöne. Das Torfaroma ist weit weniger ausgeprägt und köstlich und erstickt eher die Toffee-Vanille-Süße. Die Grains kommen später zur Geltung und sind weniger prononciert. Ein fetter, etwas würziger und ausgewogener Whisky von großem Charme. Doch für den, der etwas Besonderes sucht, kein Vergleich mit dem großartigen Connoisseurs Blend.

MACNAMARA

Für einen Whisky, dessen Name »Sohn des Meeres« bedeutet, ist dies ein weniger küstengeprägter Blend als der nicht kältegefilterte Te Bheag. Nur ein Hauch von Torfrauch weht uns, vom Wind getragen, in die Nase, dafür machen sich die Zitrusnoten am Gaumen deutlich bemerkbar. Ein leichter, ausgewogener, wenn auch unspektakulärer Blend, bei dem der Grain den köstlichen Malt überlagert.

VAT 69

Die Geschichte, die sich mit diesem Namen verbindet, ist wohl eines der frühesten Beispiele für Marktforschung in der Whisky-Industrie. Einer der großen Pioniere im Blending-Geschäft, William Sanderson aus Leith, war nicht nur Experte im Wein- und Spirituosengeschäft, sondern auch in der Herstellung von Likören. Vor allem aber lag ihm das *Blending* von Scotch am Herzen, und so versammelte er eines Tages eine Reihe von Whisky-Fachleuten um sich und ließ sie von etwa hundert verschiedenen Verschnitten kosten, die er selbst zusammengestellt hatte. Dabei

William Sanderson, einer der Pioniere im Blending Business, brachte 1882 seinen Vat 69 heraus.

erhielt die Nummer 69 den größten Zuspruch, die daraufhin Vat 69 getauft wurde. Das war 1882, als die Verwendung von Grain Whisky bereits gestattet war. Sein erstes Blending zwanzig Jahre früher aber bestand aus einer Mischung aus Glenlivet und Pitlochry-Whiskies, ähnlich denen, die Arthur Bell bevorzugte. Die Marke kam 1914 und dann wieder 1921 in die Schlagzeilen, als Shackleton sie mit auf seine berühmten Antarktis-Expeditionen nahm – zu medizinischen Zwecken, versteht sich! 1937 wurde die Firma *Sanderson & Son* von *DCL* übernommen, nachdem sie zwei Jahre zuvor Teil von Booths Gin Company geworden war. Nach einem längeren Exil als Export-Marke ist Vat 69 heute wieder in Großbritannien erhältlich.

Über den Blend

Es gibt zwei VAT-69-Sorten. Die britische Version mit beachtlichen 35 Prozent oder mehr Maltanteil. Und die für den Rest der Welt, die deutlich mehr Grain enthält. Die britische Variante ist eindeutig die bessere von beiden mit einer guten Maltbasis aus Clynelish und den beiden schwereren Speysides Linkwood und Dailuaine. Der Malt aus der wenig bekannten *Teaninich Distillery* sorgt, zusammen mit Clynelish, für eine klare, gemäßigte Süße.

DUFT Leicht und charmant mit schmetterlingszarten Noten klarer, ungeheuer frischer Speyside-Malts. Der Grain mischt sich ein, zeigt aber Respekt vor dem Malt und einem Untergrund aus köstlichem Torf. Äußerst suggestiv.

GESCHMACK Ein herrlich saftig-grasiger Malt mit etwas stärkerem Rauch. Auch der Grain ist deutlich spürbar, aber auf eine sehr angenehme Art. Das Ergebnis ist eine Komplexität, die die Geschmacksknospen belebt und einem das Wasser im Munde zusammenlaufen läßt. Unglaublich frisch, ja, sogar durstlöschend.

ABGANG Mit Echos von Grain, aber nur in süßlichen Vanille- und trockeneren Eichentönen. Bis zum Schluß ferne Anklänge an Torf.

ANMERKUNG Ein geradezu glorreicher Tropfen, der trotz fester Rauchbasis zur leichteren Sorte gehört. Eine clevere, köstliche Mischung – ein gutes Beispiel für die hohe Kunst des Blending.

VAT 69 (EXPORTVERSION)

(0,75-l-Flaschen mit buntem königlichem Wappenschild und Namen des Importeurs auf dem Etikett)

Einer der grainhaltigsten UDV-Blends mit einem wärmenden Kick. Der Duft ist feurig scharf, wobei der Malt zu kämpfen hat, um sich nicht unterkriegen zu lassen. Der Geschmack wird zunächst vom Grain beherrscht und ist ein wenig plump. Dann aber – wie blauer Himmel nach einem Sommerregen – wird der Blend milder, und es machen sich harmonischere und äußerst angenehme malzig-ölige Noten breit. Die Malzsüße ist bereichernd und ein guter Lockvogel für die aufkommenden Torf- und Schokoladentöne. Wird schließlich nussig und am Ende hart. William Sanderson hätte wohl niemals den Gewinner seines kleinen Wettbewerbs darin wiedererkannt. Das Geschmacksprofil ist recht erstaunlich, doch von Komplexität kann keine Rede sein. Wenn Sie das erstemal Vat 69 probieren, dann tun Sie es in Großbritannien – dies ist nicht mit der UK-Version zu vergleichen.

WHITE HORSE

Dieser Whisky, der zweifelsohne zu den stolzesten Blends von Schottland gehört, ist nach einem berühmten alten Edinburgher Gasthof benannt, der so unterschiedliche Berühmtheiten wie Dr. Johnson und diverse Militärberater von Bonnie Prince Charlie zu seinen Stammgästen zählte und über Jahrhunderte von der Familie Mackie geführt wurde. Um 1900 zählte der Name Mackie zu den bedeutendsten im Scotch-Whisky-Business. Zu dieser Zeit wurde die Firma von dem Brennmeister »Restless Peter« Mackie geleitet, der für sein aufbrausendes Temperament bekannt war, das er an seinen Angestellten ebenso ausließ wie an Kollegen im Whisky-Geschäft. Seine Liebe galt dem Herstellen und Blenden von Whisky. Er bevorzugte reife, gealterte Malts und hatte sein Gewerbe (anders als die meisten seiner Zeitgenossen) in einer Brennerei gelernt.

Besagte Destillerie war *Lagavulin* auf Islay, die 1856 von Firmengründer James Logan Mackie, Peter Mackies Onkel, gekauft worden war. Der Onkel hieß den Neffen 1878 in seiner Firma willkommen. Zwei Jahre später gründete J.L. Mackie eine Gesellschaft mit Namen *White Horse Distillers.* Der Blend muß irgendwann in den achtziger Jahren des 19. Jahrhunderts entstanden sein, doch erst mit Peter Mackies Aufstieg zum Seniorpartner 1890 wurde die Marke wirklich erfolgreich. Er ließ den Namen im folgenden Jahr registrieren und rührte in den folgenden Jahrzehnten mit viel Energie und Geschick die Werbetrommel. Er hatte eine Antwort auf jedes Problem (sein Motto war: »Nichts ist unmöglich«), und als sich die Käufer von seinem Hazelburn abwandten, weil der Ruf des Campbeltown-Whiskys nachließ, schrieb er den Blendmeistern, daß Hazelburn nicht

Der höchst unabhängige Whiskybrenner »Restless« Peter Mackie – »ein Drittel genial, ein Drittel größenwahnsinnig, ein Drittel exzentrisch«.

länger Campbeltown Whisky, sondern Kintyre Whisky machte! Sir Robert Bruce Lockhart beschrieb Restless Peter in seinem hervorragenden Buch *Scotch* als »ein Drittel genial, ein Drittel größenwahnsinnig, ein Drittel exzentrisch«. Ähnlich müssen ihn seine Kollegen gesehen haben, insbesondere A. J. Cameron, Direktor von Dewar's, der während der Übernahmeverhandlungen in einem privaten Brief über Mackie schrieb: »Sie müssen auf der Hut sein, wenn Sie mit ihm verhandeln. Er kann perfekt den Dorftrottel spielen, schnappt dabei aber ständig wichtige Details auf.« In jüngeren Jahren soll Mackie gesagt haben, die alles verschlingende DCL würde ihn nur über seine Leiche aufkaufen, und genau das geschah auch. »Restless Peter« starb 1924; DCL übernahm drei Jahre später. Anfang der zwanziger Jahre hatte sich Mackie tatsächlich nach einem Käufer umgesehen – zum einen aus Mangel an Vorräten, zum anderen weil sein Sohn, der die Firma übernehmen sollte, im Ersten Weltkrieg gefallen war. Dewar's, die das Angebot in Betracht gezogen hatten, wollten die White-Horse-Marke aufgeben, was Peter nicht gutheißen konnte. Zwischen seinem Tod und der Übernahme wurde White Horse zur ersten Whisky-Marke, deren Flasche statt mit Korken mit Schraubverschluß versehen war – ein innovativer Unabhängigkeitsbeweis, auf den er stolz gewesen wäre!

ÜBER DEN BLEND

Der bedeutende Anteil des als Single Malt so erfolgreichen Lagavulin ist inzwischen deutlich reduziert worden. Ein weiterer traditioneller White-Horse-Malt, Glen Elgin, hat gar keinen garantierten Platz mehr in dieser Rezeptur. Statt dessen trägt Talisker das Rauch-Aroma bei, und Glenlossie, Linkwood und Clynelish sorgen für den Glanz. Der Maltanteil liegt manchmal bei erstaunlichen 40 Prozent, das Durchschnittsalter bei 6 Jahren.

DUFT Sehr altmodischer Duft mit einer nicht sonderlich subtilen Kombination aus scharfen Grains, sauberem Malz und erdigem Torf. Genauso habe ich Scotch Whisky in Erinnerung, als ich vor nunmehr fünfundzwanzig Jahren zum erstenmal mit ihm in Berührung kam. Wenn Eis oder Wasser hinzugefügt werden, splitten sich diese Merkmale auf. Wenn man ihn dage-

Diese Karikatur des schottischen Whiskytrinkers spielt auf Mackies exzentrisches Wesen an.

gen in der Hand wärmt, zeigt sich die andere Seite dieses Whiskys – die honigartigen, seidigen, vereinigenden Aspekte.

GESCHMACK Die frischen Grains machen sich als erste auf den Geschmacksknopsen bemerkbar, bevor die Malts aufholen. Das Malzige ist dreigestuft, wobei die eleganten, süßen Speysiders einen Kampf mit ein paar reicheren, aber weniger kennzeichnenden flachen Noten auszutragen haben, bis der Torf durchschlägt.

ABGANG Wiederaufleben des Grains mit leichten Vanille-Anklängen und einem Anflug von Eiche. Nicht so komplex, wie er einmal war.

ANMERKUNG Dieser Blend ist stets ein Hochgenuß mit seinem traditionell erdigen Islay-Charakter. Einige Mischungen sind ein wenig süßer und mehr honigartig als andere, aber das allgemeine Niveau ist außergewöhnlich hoch. Der Abgang hat in letzter Zeit die Neigung, mitunter ein wenig nachzulassen. Alles in allem aber ein erstaunlicher Whisky, der immer irgendwo in meinem Wohnzimmer, meiner Küche oder meinem Büro zu finden ist.

WHITE HORSE AGED 12 YEARS

Der Duft ist durchsetzt von klarem, süßem Oloroso und eindrucksvoller Eiche. Und was die Nase verspricht, kann die subtile Süße mit einem Ausbruch reicher, grasiger Speyside-Noten am Gaumen halten. Ein köstlicher Torfakzent macht sich breit, bevor ein starker Grain die Oberhand gewinnt. Angenehme Honig-Vanille-Anklänge folgen und wetteifern beim Abgang mit pflaumigen Sherrynoten. Ein edler Tropfen. Wird ausschließlich für den japanischen Markt hergestellt und hat den erdigeren, wunderbar komplexen und perfekt ausbalancierten White Horse 8-year-old ersetzt, der mein absoluter Lieblings-Scotch war und jetzt leider als Marke eingestellt worden ist.

WHYTE & MACKAY

Nur wenige Whiskys in der Welt können auf eine so eindrucksvolle Abstammung zurückblicken wie Whyte & Mackay. Die Marke Whyte & Mackay Special kam auf den Markt, kurz nachdem sich James Whyte und Charles Mackay 1882 im Glasgower Whisky-Großhandelsgeschäft zusammengeschlossen hatten. Die Firma gründete sich auf die alte Partnerschaft von Allan & Poynter, die auf das Jahr 1844 zurückging und inzwischen von Whyte geleitet wurde. In kleinen Mengen war dieser Whisky zwar auch in Großbritannien erhältlich, die eigentlichen Erfolge aber erzielte er in den englischsprachigen Ländern Kanada, USA, Neuseeland und Australien. Erst nach dem Zweiten Weltkrieg konnte die Marke ihr Heimatland erobern. Das Etikett blieb über ein knappes Jahrhundert fast unverändert, erst in den neunziger Jahren wurden geringfügige Veränderungen vorgenommen. 1998 allerdings wechselte die Grundfarbe von Cremeweiß zu Blau über. Und es hebt das Besondere an Whyte & Mackay-Whiskies hervor, daß nämlich die Mischungen der Malts und der Grains vor der »Vermählung« im Faß (mindestens 3 Monate) jeweils mehrere Monate getrennt in Fässern zubringen.

ÜBER DEN BLEND

Ein Blend mit »doppelter Vermählung« also. Die 36 verwendeten Malts, die zwischen 4 und 8 Jahre alt sind, werden zusammen etwa vier Monate lang in Eichenfässern gelagert, bevor sie mit den sechs verschiedenen Grains vermischt werden und dann gemeinsam noch einmal vier Monate im Faß zubringen. Aufgrund dieses Prozesses gibt es keine führenden Malts in der Rezeptur.

DUFT Eine kräftige, zügellose Nase mit atemberaubenden Fruchtnoten. Datteln und Walnüsse vereinen sich mit Pflaumen und einem Hauch von Limonen. Der Grain ist sanft und sexy und trägt zur umfassenden Süße bei.

GESCHMACK Fett mit zarten Grains beim Start, dann ein schmackhafter Übergang zu süßen Malztönen, gefolgt von einem Schub seidiger Grains. Bittersüße Ausgewogenheit und ein köstlicher Aufbau von Würze.

ABGANG Bleibt zunächst fett und süßlich, dann folgen Wogen von Vanille und zarter Eiche. Dem Ende zu macht sich der Grain stärker bemerkbar und verdrängt den Malt ein wenig.

ANMERKUNG Ein kerniger Blend von enormer Charakterentfaltung. Die Malts vereinen sich zu einer starken malzigen Mitte, ohne daß eine individuelle Maltnote zu erkennen ist – wohl ein Resultat der »doppelten Vermahlung« bei den Whyte & Mackay's. Dieser Blend wird mit jedem Jahr besser. Im Duty-free-Handel gibt es auch eine 105-American-Proof-(52,5 Volumenprozent Alkohol) Version, die in der Mitte mehr Süße aufbaut und starke Vanille-Akzente zum Abgang hin zeigt.

WHYTE & MACKAY 15-YEARS-OLD

Ein hitziger Duft mit Sexappeal. Eindrucksvolle Honig- und Eichentöne und Anklänge an frische Datteln und Walnußkuchen, bei denen einem das Wasser im Mund zusammenläuft. Fett und reich am Gaumen – die Geschmacksknospen werden von Honig, Mangosüße und schmelzender Vanille über-

schwemmt. Das großartige Grain-Zusammenspiel trägt zur Komplexität bei. Ein nobler Feinschmecker-Whisky, weit majestätischer als der schmackhafte, aber rauhere 12jährige oder der süßere und heftigere 18jährige Founder's Reserve.

WHYTE & MACKAY 21-YEARS-OLD

Der Duft hält, was die erstaunliche Kastanienfärbung in der eleganten Flasche verspricht – einer der großartigsten Blends, den Schottlands Brennmeister zu bieten haben. Subtile Oloroso- und Torfnoten verbinden sich wunderbar mit grasigen Malztönen, die man eher mit halb so alten Whiskys in Verbindung bringt. Keine Spur von Überalterung im Duft. Eichiger und würziger am Gaumen, als der Duft vermuten läßt, üppig und voller Honig- und sanfter Sherrynoten. Der Abgang ist wie ein whiskygetränkter alter Obstkuchen mit Anklängen an Bitterschokolade und Vanille. Vielleicht der bestausgewogene aller Super-de-Luxe-Oldie-Blends unter den Scotchs. Ein Meisterwerk.

WILLIAM LAWSON

Dies ist eine der wenigen großen Blending-Firmen, die ihre Geschäfte erfolgreich von England nach Schottland verlagert haben. William Lawson wurde kurz nach dem Zweiten Weltkrieg als Blending- und Exportfirma in Liverpool gegründet, zog aber 1967 mit Sack und Pack in die Main Street von Coatbridge, Lanarkshire, gleich gegenüber dem inzwischen abgerissenen Cliftonhill Stadion des Drittligisten Albion Rover's. Die Reklametafeln für William Lawson hinter den Toren waren wohl die einzigen, die ich in diesem Land je gesehen habe. Wie um zu demonstrieren, daß die Firma auf dem aufsteigenden Ast ist, siedelte die Geschäftsführung im Mai 1998 in ein Bürohaus mit Blick auf Parkhead um – die Heimat des neugekrönten Landesmeisters Celtic FC. Bis zu diesem Tag kon-

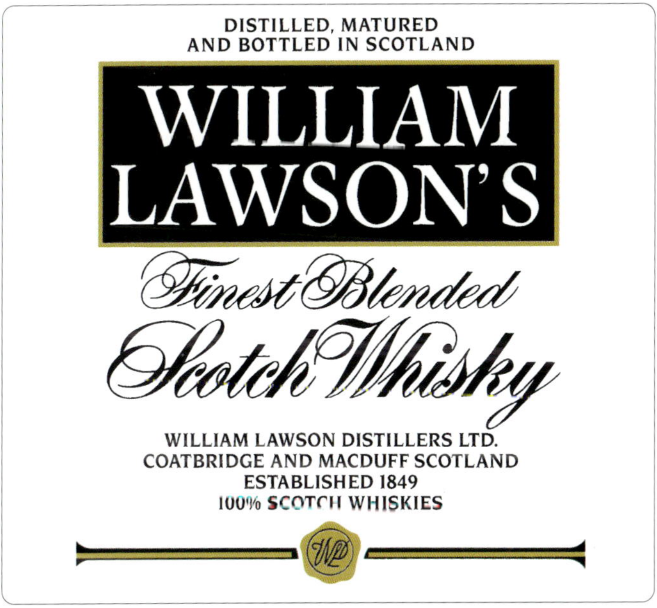

zentrierte die Firma ihre Aktivitäten auf den Export, noch gefördert durch das Zusammengehen mit dem italienischen *Martini-Rossi-Imperium,* das wiederum 1995 Teil von *Bacardi Ltd.* wurde. Bis zu der dramatischen Übernahme von Dewar im Jahre 1998 war es der einzige Scotch der Rum-Firma. Merkwürdigerweise spiegelt Lawson's die Geschichte Dewar's wider, die auf die vierziger Jahre des 19. Jahrhunderts zurückgeht. Der ursprüngliche William Lawson gründete seine Firma 1849 in Dundee, doch sein Whisky-Unternehmen war zum Scheitern verurteilt und verschwand von der Bildfläche, bis es viele Jahre später in Liverpool wieder auftauchte.

WILLIAM LAWSON'S FINEST

Kräftiger Duft mit Bronze, wo der 12jährige Gold zu bieten hat. Der leicht metallische Grain paßt sich gut den aromatischen Malts an und entfaltet sich am Gaumen zu einem sanfteren, viel würzigeren Tropfen. Die krassere Süße findet ihr Gegengewicht in den leichten Rauchanklängen. Ein wirklich guter Durchschnittswhisky der alten Schule, allerdings nur mit einem Anflug der Meisterschaft des Scottish Gold's. Trotzdem ist es ein anständiger, höchst angenehmer Tropfen.

WILLIAM LAWSON SCOTTISH GOLD 12-YEAR-OLD

Über den Blend

Dies ist einer der bemerkenswertesten gleichbleibend guten Scotch Blends überhaupt. Kein Tropfen Islay kommt in diesen Blend, der einen beachtlichen Maltanteil von etwa 45 Prozent hat. Den Ehrenplatz unter den Malts nehmen die Speysiders ein, mit dem Besten, was die Region zu bieten hat, etwa der Glen Deveron aus der *MacDuff Distillery* in Banff mit seiner süßen Honignote. Für mich allerdings ist der Grain das Geheimnis hinter dem Blend: Nur Mais wird verwendet (deshalb von *North British* und *Dumbarton* und vermutlich auch *Cambus*), was für ein lebendigeres, schärferes Aroma sorgt. Für die jüngere Standardmarke werden rauchigere Malts verwendet.

DUFT Köstliche Honigsüße, nicht dick aufgetragen, sondern angenehm zart. Die Grains sind trotz ihres Alters frisch, was das subtil malzige, grasige und leicht zitronige Aroma unterstreicht. Eine Spur von Minze und Limone ergänzt die leichten Eiche-Vanille-Töne. Insgesamt einfach großartig.

GESCHMACK Ein köstlich bittersüßer Start mit jenem Honigthema, das sich wie ein goldener Faden durch die ganze Komposition zieht. Die Malztöne kommen eindeutig aus Speyside, doch man schmeckt auch erdigere Highland-Noten durch. Der unglaublich saubere Grain entfaltet den perfekten spritigen Biß, den man bei einem Blend sucht, ist dabei aber fast kathartisch und verwöhnt den Gaumen mit der denkbar schlichtesten und komplexesten Zusammenstellung von Scotch-Stilen.

ABGANG Mittellang mit einer zarten Entfaltung von Vanille- und Mandarinetönen, gefolgt von nachklingenden beglückenden Mokkanoten. Fast zu schön, um wahr zu sein.

ANMERKUNG Ich habe diesen Whisky zum erstenmal vor sechs Jahren getrunken und war völlig überwältigt. Es ist schwer vorstellbar, daß irgendein Blendmeister über lange Zeit einen so großartigen Whisky herstellen kann, ohne daß er an Qualität verliert. Blender Tom Aitken ist es gelungen. Obwohl ich persönlich den wuchtigeren Islay-Stil bevorzuge – dem dieser hier diametral entgegengesetzt ist –, zähle ich ihn zu den Top-Ten-Whiskies der Welt. So gut wie perfekt!

PINNWINNIE ROYALE

Ein leichter Blend von *Inver House,* der ursprünglich in Südamerika vertrieben wurde, jetzt aber gelegentlich auch in Großbritannien zu finden ist. Das Aroma dieses 7- bis 8jährigen Blends ist sehr angenehm mit leichten Grain-Noten, getragen von einer honigsüßen Brise. Der Honigton zieht sich bis zum Ende durch, wird aber in der Mitte etwas fett und kernig. Ähnlich im Stil wie Lawson's 12, aber nicht ganz so schmackhaft. Trotzdem ist dies ein erstaunlicher Whisky, der sich in den letzten Jahren enorm verbessert hat (und jetzt deutlich süßer ist), was vielleicht auf die weitaus größeren Lagerbestände zurückzuführen ist, seit Inver House *Knockdhu* übernommen hat, der in diesem hochklassigen Blend herauszuschmecken ist.

"Say when, Man!!"
COPYRIGHT
KING GEORGE IV
WORLD-FAMED PRODUCT OF
THE DISTILLERS AGENCY LTD., EDINBURGH
OLD SCOTCH WHISKY

Blended Scotch trinken

Es gibt nur eine Art und Weise, Ihren Blended Scotch – oder jeden anderen Whisky – »richtig« zu trinken. Und das ist die Art und Weise, die Ihnen gefällt.

Trotzdem gibt es für mich keine bessere Art, das meiste aus einem Blend herauszuholen, als ihn unverdünnt zu trinken. Keine Eiswürfel. Kein Wasser. Nur ein wenig Wärme durch die Hand, die das Glas hält. Achten Sie darauf, langsam am Glas zu riechen – und lassen Sie die höchst komplexen Aromen Ihre Geruchssinne verführen. Dann führen Sie das Glas zum Mund, aber nippen Sie nicht, sondern lassen Sie genug von dem goldenen Naß über ihre Zunge gleiten, daß der ganze Mund benetzt ist, bevor Sie es langsam die Kehle hinabrinnen lassen.

Die Wasser-Lobby wird Ihnen erklären, ein ordentlicher Schuß H_2O fördere die Aromenentfaltung und lindere die Wucht des Alkohols. Das stimmt, aber die frei gewordenen Aromen sind nur wenige Sekunden auf ihrem Höhepunkt, und dann verschwinden die höheren, komplexeren Noten. Der Whisky wird auch eine Spur süßer. Und nach einer Weile schmeckt er ein wenig bitter.

In gewisser Weise macht es den Blend zunichte. Von seiner Natur her sollte er leichter sein als die meisten Single Malts, auch wenn diejenigen mit großem Anteil an torfigen Islays oder Insel-Malts noch immer genügend Gewicht haben, um die Geschmacksknospen für eine Weile in Schwung zu halten. Aber wenn man die ganze Wucht des unverdünnten Blends mit seinen Sinnen aufnimmt, erhält man einen viel deutlicheren Eindruck all seiner Facetten, vor allem der Grains, und hier hat man die Chance, einen »Biß« hinten in der Kehle verspüren, den viele Blend-Kenner, ich eingeschlossen, ganz und gar unwiderstehlich finden.

Gegenüber: Der Whisky dieses Schotten ist mehrere Finger hoch und unverdünnt – aber die einzige Methode, einen Blended Scotch zu trinken, ist die Methode, die Ihnen gefällt.

Natürlich trinke ich auch Whisky mit stillem Mineralwasser, vor allem an einem heißen Tag, wenn ein paar Eiswürfel hinzugegeben werden, um einen angenehmen Long Drink daraus zu machen. So übrigens bevorzugen die meisten Blender ihren Schluck Whisky. Aber erwarten Sie nicht, auf diese Weise das Beste aus dem Whisky herauszuholen. Eine Zeitlang war es üblich, Whisky mit Soda zu trinken. Der wurde fast völlig durch Whisky mit kohlensäurehaltigem Mineralwasser verdrängt, wie er jetzt überall auf der Welt getrunken wird. Dies ist nun gar nicht meine bevorzugte Art, Scotch zu trinken, aber ich erinnere mich, an einem brütend heißen Tag in Kalifornien, ohne zu murren, zwei oder drei Gläser davon runtergekippt zu haben.

So lange ich zurückdenken kann, hat mein Onkel Dave, der jetzt weit über achtzig ist, seinen Whisky immer mit Ginger Ale getrunken; ich sehe mich noch als Siebenjährigen sein Glas füllen. Das ist bis heute eine beliebte Kombination, wenn auch mehr für die älteren Semester; die jüngeren, vor allem Frauen, greifen derzeit gern zu Whisky und Cola. Wenn Sie diesen Weg gehen wollen, bekommen Sie mit Johnnie Walker Black Label oder Teacher's ein besseres Resultat als mit einer Drei Jahre alten Super-billig-Marke aus dem Kiosk, obwohl letztere den CO_2-Tod gewiß auch verdient hätte.

Die erlesensten Blends, die ich in diesem Buch ausführlichst beschrieben habe, sollten mit demselben Respekt behandelt werden wie ein edler Single Malt. Wählen Sie ein kelch- (besser tulpen-)förmiges Glas, lassen Sie sich Zeit, um sich mit dem Duft anzufreunden, und trinken Sie dann langsam. Nichts soll Sie daran hindern, Wasser oder Eiswürfel – oder irgendwas anderes – hinzuzufügen, wenn Sie das wollen. Aber erst, wenn Sie mit Ihrem Blend in voller Trinkstärke vertraut sind. Es wäre doch eine Schande, dem Whisky nicht die Chance zu geben, seine reinen, unverfälschten Talente an den Tag zu legen, wo die Natur und eine Menge Menschen sich derart viel Mühe gegeben und solche Wunder vollbracht haben, um Ihnen etwas von so ungeheurer Schönheit zukommen zu lassen.

DANKSAGUNG

Weil der mir zur Verfügung stehende Platz – wie häufig bei Büchern dieser Art – begrenzt ist, kann ich nicht jede einzelne Person erwähnen, die irgendwie einen Beitrag zu diesem Erstling in der Whisky-Literatur geleistet hat.

Kein anderes Buch ist bisher allein dem noblen Blended Scotch Whisky gewidmet worden, weshalb ich im Laufe meiner Recherchen mit über hundert Personen Kontakt aufgenommen habe. Jeder von ihnen möchte ich meinen herzlich empfundenen Dank aussprechen.

Ganz besonders fühle ich mich jener kleinen Gruppe von Menschen innerhalb der Whisky-Industrie verpflichtet, die mir so bereitwillig ihre Zeit geschenkt und in manchen Fällen Geheimnisse preisgegeben hat, um mehr Verständnis für eine Whisky-Form zu wecken, die in den letzten Jahren so schändlich ignoriert wurde.

Dazu gehören Tom Aitken von William Lawson, jetzt Dewar's; David Boyd (Campbell Distillers); Gordon Doctor (Ian McCleod & Co); Eddie Drummond (Inver House); Robert Hicks (Allied Domecq); Max McFarlane (Robertson and Baxter), Frank McHardy (Springbank); Robert McIlroy (UDV); Ewan MacIntosh (Gordon and Macphail); Norman Mathison (Invergordon); Jim Milne (von der Tomatin Distillery Co.); Gordon Neilson (United Distillers and Vintners); Colin Scott (Seagram); John Smith (Glenmorangie); David Stewart (Grants); Ian Urquhart (Gordon and Macphail); Billy Walker (Burn Stewart). Diese Personen haben nicht nur direkt zur Entstehung dieses Buches beigetragen, sondern auch indirekt, indem sie mir über ein Jahrzehnt mit Rat und Tat zur Seite standen. Andere, denen ich über die Jahre zu danken habe, sind Stuart Nelson, Jack Goudy, Ian Grieve, Charles Craig, Jimmy Lang, Donald Mackinlay, um nur einige wenige zu nennen. Mein besonderer Dank geht an jenen am wenigsten verrückten unter den Wissenschaftlern, Dr. Jim Swan, der immer dann mit wichtigen Informationen zur Stelle war, wenn ich sie am dringendsten brauchte.

Ich möchte vor allem auch Barry Winkelman von Prion Books danken, dem einzigen Verleger, der den Weitblick besaß, das erste

Buch über Blends herauszugeben, während alle anderen von mir angesprochenen Verleger vor diesem Projekt zurückschreckten; auch meiner Freundin Makie, die mir verziehen hat, daß ich sie während des Schreibens an diesem Buch völlig vernachlässigt habe (während sie mir sogar beim Einschenken von Proben geholfen hat); meiner Sekretärin Di Crook, die die Lieferung der vielen Hundert Proben organisiert hat; meiner Haushälterin Julie Musgrove, die buchstäblich Tausende von Gläsern gespült hat, ohne eines zu zerbrechen; und schließlich meinen Kindern Tabitha, David und James, die, zusammen mit Makie, ertragen haben, daß ich während der Herstellung dieses Buches so gut wie keine Zeit für sie hatte.

REGISTER